Kurt Tepperwein

Die Kunst der Partnerschaft

Kurt Tepperwein

Die Kunst der Partnerschaft

Das Geheimnis von Liebe,
Sexualität und Harmonie

mvg Verlag

Bibliografische Information der Deutschen Bibliothek
Die Deutsche Bibliothek verzeichnet diese Publikation in der Deutschen Nationalbibliografie; detaillierte bibliografische Daten sind im Internet über http://dnb.ddb.de abrufbar.

Unsere Web-Adresse:
http://www.mvg-verlag.de

3. Auflage Januar 2005 (Sonderaktion)
Dieser Titel ist auch unter der ISBN 3-478-08786-4 erhältlich

Umschlaggestaltung: Felix Weinold, Schwabmünchen
Satz: FTL Kinateder, Kaufbeuren
Druck- und Bindearbeiten: Ebner & Spiegel, Ulm
Printed in Germany 07023/120401
ISBN 3-636-07023-1

Inhalt

Einleitung

Die meisten Menschen glauben, dass Liebe eine Sache des Zufalls ist, dass etwas geschieht, wenn man eben Glück hat. Hat man Pech, geschieht es eben nicht oder meine Liebe wird nicht erwidert. Auf jeden Fall aber kann ich nichts dafür. Ist Lieben aber eine Kunst, dann erfordert sie Wissen um die Zusammenhänge und die Bereitschaft, das Notwendige zu tun.

Da ist zunächst das Problem, dass die meisten Menschen sich nur für den Teil der Liebe interessieren, den sie selbst bekommen. Sie wollen vor allem geliebt werden und kümmern sich weniger darum, wie weit ihre Fähigkeit zu lieben ausgeprägt ist. Sie bemühen sich vor allem darum, selbst liebenswerter zu erscheinen. Die Frauen machen sich zu diesem Zweck schöner, schminken sich, kleiden sich modisch und duften verführerisch. Vielleicht achten sie noch auf angenehme Manieren, sind gebildet und in der Lage, sich interessant zu unterhalten. Ganz Eifrige studieren noch geistige Techniken, um leichter Freunde zu gewinnen, und alles dies, um mehr geliebt zu werden. Nur wenige sind bereit, selbst mehr zu geben und wirklich lieben zu lernen.

Viele glauben auch, dass es gar nichts zu lernen gibt, weil die Liebe abhängig vom Objekt sei und nicht von der eigenen Fähigkeit. Wenn mir nur der richtige Partner begegnet, dann kommt die Liebe von selbst, so glauben sie. Sie vergessen, dass Lieben Geben und Nehmen ist und dass sie immer mit dem Geben beginnt. Vielleicht ist das Erste, was ich gebe, der gute Eindruck, den ich mache, mein Äußeres – aber das reicht nicht lange. Will ich wirklich Liebe erleben, muss ich bald mehr geben. Das ganze Geheimnis der Liebe besteht darin, Liebe zu geben.

Dem „idealen Partner“ aber kann ich erst begegnen, wenn ich selbst ein idealer Partner geworden bin. Würde ich ihm früher begegnen, wäre die Begegnung sinnlos und schmerzvoll, weil ich ihm kein idealer Partner sein könnte. Meiner „großen Liebe“ kann ich erst begegnen, wenn ich die „große Liebe“ in mir gefunden habe. Dann brauche ich sie im Außen zwar nicht mehr, aber erst dadurch mache ich es möglich, ziehe ich sie nach dem Gesetz der Resonanz an.

Der Sinn einer Partnerschaft ist der, dass mich der andere mit meinem Mangel konfrontiert, mir zeigt, wo ich noch nicht ganz „heil“ bin, nicht „ich selbst“ bin. Die Auseinandersetzung mit dem anderen, bei dem ich bleibe, weil ich ihn liebe, soll mich also letztlich zu „mir selbst“ führen, mir helfen, ganz ich selbst zu sein. So ist der Partner, den ich derzeit habe, der ideale Partner für mich und ich für ihn, denn er ist so viel oder so wenig ideal wie ich selbst. Aber gemeinsam sind wir auf dem Weg zu uns selbst, ob wir es wissen und wollen oder nicht.

Eine „reibungslose Partnerschaft“ wäre daher auch nur sinnvoll, wenn eine gemeinsame Aufgabe dies erfordert. Bis dahin konfrontieren wir uns gegenseitig immer wieder mit unserem „Sosein“, bis jeder ganz „er selbst“ geworden ist. Wenn ich dann ganz „ich selbst“ geworden bin, dann erst bin ich der ideale Partner. Dann brauche ich nichts mehr und bekomme alles und lebe in der Fülle meines wahren Seins – im Paradies.

Das große Glück finde ich nicht dadurch, dass ich viel Liebe von meinem Partner bekomme, sondern dadurch, dass ich meine eigene Fähigkeit optimiere, Liebe zu empfinden und zu verschenken. Denn was würde es mir nützen, wäre ich schön, hätte Erfolg, Geld und Macht, würde geliebt und bewundert? Solange ich selbst nicht liebe, bleibt meine Seele leer.

Das Ziel einer Partnerschaft ist daher nicht das liebevoll turtelnde Paar, das ohne den anderen nicht leben kann, sondern sind im Idealfall zwei Menschen, die miteinander und aneinander „heil" geworden sind und sich daher nicht mehr brauchen, weil jeder alle Aspekte des anderen aufgenommen hat.

Ein Mann suchte sein ganzes Leben lang nach der idealen Partnerin. Er wurde reich und berühmt, aber blieb allein. Als er alt war, fragte ihn ein Reporter, ob seine Suche keinen Erfolg gehabt habe, und er sagte: „Doch, ich habe sie gefunden. Als ich dreißig war, bin ich ihr begegnet. Aber leider suchte auch sie nach dem idealen Partner!"

So wie diesem Mann geht es vielen von uns. Wir sind auf der Suche nach dem idealen Partner und übersehen, dass wir nach dem Gesetz der Resonanz den idealen Partner ja erst dann anziehen können, wenn wir selbst zum idealen Partner geworden sind. Somit ist der Partner, mit dem wir derzeit zusammen sind, genau der ideale Partner für diesen Lebensabschnitt, weil er uns mit den Lektionen konfrontiert, die wir noch zu lernen haben, um wirklich ein idealer Partner zu sein.

Und wir machen noch einen Fehler. Wir suchen nach der Liebe im Außen. Wir wollen geliebt werden. Unbewusst sehnen wir uns nach der Situation unserer Kindheit, als wir geliebt wurden, so wie wir waren. Wir wurden umsorgt und fühlten uns geborgen. Verständlich, dass wir dieses Gefühl des Geliebtseins und der Geborgenheit weiter erleben möchten. Doch ich kann nur so viel Liebe bekommen, wie ich selbst gebe. Die Mutterliebe war ein „Vorschuss" des Lebens, den ich als Erwachsener zurückzahlen muss, denn ich kann nur ernten, was ich gesät habe. Beenden wir also den Fehler, uns nur für den Teil der Liebe zu interessieren, den wir bekommen, und fangen wir an, selbst Liebe zu geben, uns im Lieben zu erfüllen, selbst Liebende zu werden. Dann leben wir ein erfülltes Leben, und wenn wir auch noch geliebt werden, dann ist das ein zusätzliches Geschenk.

Manche Menschen haben Angst vor der Einsamkeit, fühlen sich ohne Partner nicht lebensfähig, sind unfähig, allein glücklich zu sein, und hoffen, dass ihre Einsamkeit verschwindet, wenn sie mit einem anderen zusammen sind. Zwei unglückliche Menschen zusammen werden aber nicht nur dadurch glücklich, dass sie zusammen sind. Zumal dann die Angst dazukommt, den anderen wieder zu verlieren. Angst ist keine Grundlage für wirkliche Liebe.

Die Liebesfähigkeit eines Menschen zeigt die Reife seiner Seele, doch was die meisten Menschen Liebe nennen, hat damit noch sehr wenig zu tun. Es ist eher eine Blüte, die wir gedankenlos vom Baum des Lebens pflücken, bevor sie zur Frucht werden konnte.

Dieses Buch soll Ihnen zeigen, dass die wahre Liebe nicht ein gedankenlos hinzunehmender Naturtrieb, sondern vielmehr eine hohe Kunst ist, die immer anspruchsvoller wird, seit sie nicht mehr nur der Fortpflanzung dient. Heutzutage können Frauen ohne Partner, selbst mit Kindern, ohne weiteres ein wirtschaftlich unabhängiges und gesellschaftsfähiges Leben führen.

1

Die Kunst der Partnerschaft

Mann und Frau lebten noch nie zeitlich, körperlich und seelisch so intensiv zusammen wie heute. Sie existierten bisher in ganz verschiedenen Welten, und die Begegnung war auf kurze Zeiten begrenzt. Noch vor hundert Jahren wurde eine Ehe nach durchschnittlich 15 Jahren durch den Tod des einen Partners beendet. Der Arbeitstag hatte damals zwölf Stunden, die Woche sechs Arbeitstage und Ferien war ein Fremdwort, man hatte daher kaum Zeit füreinander. Man hatte auch nicht die Freiheit, die eigenen Wünsche miteinander auszuleben, das ließen Erziehung und Gesellschaft gar nicht zu.

Die Ehe war im Wesentlichen eine Lebensgemeinschaft, die beide versorgte. Die Frau mit Sicherheit, den Mann mit Sexualität und beide mit Nahrung. Liebe als Grundlage einer Ehe oder Lebensgemeinschaft ist in der Geschichte der Menschheit recht neu, zumal die Frau selten gleichberechtigt war. Auch eine Lebensgemeinschaft ohne Ehe war zu den meisten Zeiten undenkbar, ja es war nicht einmal allen Erwachsenen erlaubt zu heiraten. Und natürlich war es noch zu keiner Zeit möglich und selbstverständlich, Sexualität und Zeugung voneinander zu trennen. Alle diese Veränderungen geschahen erst in den letzten Jahrzehnten. Wenig Zeit, sich darauf einzustellen und zu lernen, damit umzugehen.

Wir sind heute sehr viel anspruchsvoller gegenüber einer Partnerschaft, als das vor einigen Jahrzehnten der Fall war, aber wir hatten noch keine Gelegenheit, das Lieben zu lernen, ja wir glauben nicht einmal, dass es da etwas zu lernen gibt. Aber Liebe stellt sich nicht einfach ein, Fähigkeit und Bereitschaft zur Liebe müssen erlernt, zumindest geweckt werden.

Für viele Menschen ist Liebe ein schönes Gefühl und sie sind nicht davon zu überzeugen, dass es mehr ist als ein Gefühl. So sind sie dann sehr verwundert, dass es in der Partnerschaft Zeiten geben kann, in denen dieses Gefühl von Liebe verschwindet, aber die Partnerschaft doch erstrebenswert oder gar erfüllend bleibt. Bei vielen ist eine Ahnung der wahren Liebe durchgebrochen und die Erkenntnis, dass man Liebe nicht bekommt, sondern dass Liebe im wesentlichen Liebesmühe ist. Andere wollen das gar nicht wissen, weil ihnen die Vorstellung gefällt, dass bei der Liebe geheimnisvolle, magische Kräfte am Werk seien, die wirken oder eben nicht.

Die Liebe ist einer der schönsten, vielleicht der schönste und aufregendste, aber auch spannendste Abschnitt in unserem Leben. Aber wer kennt sie nicht, die vielen schnell zerronnenen Träume der Liebe und die damit verbundenen Klagen:

- Ich will immer nur die, die mich nicht wollen.
- Ich gerate immer an solche, die sich nicht binden wollen.
- Ich habe immer Angst davor, einen Korb zu kriegen.
- Ich habe an jeder, an jedem etwas auszusetzen.
- Ich bin anfangs immer sofort voller Begeisterung, ganz sicher, dass es diesmal der/die Richtige ist, und von da an geht es bergab, weil die Wirklichkeit nie meinen Träumen standhalten kann.

Ein bisschen erinnert das an den Witz von der Tochter, die zu ihrem Vater sagte: „Für mich kommt nur ein Mann infrage, der groß, blond, blauäugig, der ritterlich, verständnisvoll und gütig ist, der großzügig, nachgiebig und erfolgreich ist, der genau weiß, was er will, aber tut, was ich sage, und auf dem Standpunkt bleibe ich stehen." – „Nein", sagte der Vater, „auf dem Standpunkt bleibst du sitzen!"

Viele haben ein so hohes Ideal, dass es ohnehin keiner erreichen kann, und so ist die Enttäuschung vorprogrammiert. Besser kennzeichnet der Spruch eines Weisen die Situation: „Die Liebe ist wie eine einsame Berghütte, du findest nur vor, was du mitbringst!"

Wir wissen weder, dass man eine glückliche Beziehung üben kann und muss, noch, dass nicht jede Beziehung für die Ewigkeit gedacht ist. Wir wissen nicht, wie man erkennt, wann sich eine Beziehung erfüllt hat, noch wie man sie liebevoll loslässt. Kein Wunder, dass unsere Beziehungen bei diesen Voraussetzungen meist schwierig verlaufen und oft unglücklich enden.

Jeder weiß, dass man ein Auto erst fahren darf, wenn man 18 Jahre alt ist, Unterrichtsstunden in Theorie und Praxis absolviert hat und ausreichende Kenntnisse nachweisen kann, bevor man den Führerschein bekommt. Um einen Beruf ausüben zu dürfen, muss man eine Lehre machen oder ein Studium absolvieren und sich durch eine bestandene Prüfung qualifizieren. Für eine Partnerschaft brauchen wir nichts dergleichen, und so verhalten sich viele in der Partnerschaft so, als ob sie versuchten, mit geschlossenen Augen, ohne Kenntnis der Verkehrsregeln heil durch den Großstadtverkehr zu kommen. Da ist der Unfall vorauszusehen.

Damit sei gesagt, dass die meisten Schwierigkeiten in einer Partnerschaft nicht aus der Unfähigkeit der Beteiligten resultieren, sondern vielmehr aus der Tatsache, dass sie die notwendigen Voraussetzungen nicht geschaffen, das Zusammenleben nicht gelernt haben. Sie brauchen in Wirklichkeit nur den richtigen Partner, aus dem richtigen Grund, zur rechten Zeit zu finden, und wenn Sie dann auch noch ein guter Partner sind, dann kann fast nichts mehr schief gehen. Wie aber erkenne ich, ob der andere der Richtige ist? Ob der Zeitpunkt stimmt und mein Grund zur Partnerschaft? Darauf gibt es so viele Antworten, wie es Menschen gibt, aber eine fasst alle sehr gut zusammen:

Der beste Beweis, dass es sich wirklich um Liebe handelt, ist, wenn beide Freude bei dem Gedanken empfinden, gemeinsam alt zu werden.

Die Liebe ist die einzige Kraft, die uns Erfüllung bringt und uns im Miteinander über uns hinauswachsen lässt. Nur die Liebe überwindet alle Grenzen und Hindernisse. Entscheidend ist unsere Offenheit für die Liebe und unsere Bereitschaft zu einem ständigen Bewusstseinsprozess. Die besten Voraussetzungen für eine dauerhafte Liebe haben Sie, wenn Ihnen das Wachstum und Glück Ihres Partners das Wichtigste in der Beziehung ist, und das fördert gleichzeitig am besten das eigene Wachstum und die eigene Bewusstseinserweiterung, hilft Ihnen, sich selbst zu überschreiten. Wenn Ihnen diese Haltung des gemeinsamen Lernens auch noch Freude bereitet, haben Sie gute Chancen, miteinander nicht nur glücklich zu werden, sondern in einer erfüllenden Partnerschaft auch die „Leichtigkeit des Seins" zu entdecken. Ihre Vorbereitung und Reife macht dann die Begegnung mit Ihrem

„Seelenpartner“ möglich, weil Sie selbst dafür bereit sind.

Doch ganz gleich, wen Sie gewählt haben, auch und gerade in einer Seelenpartnerschaft werden Sie viel Mühe auf sich nehmen müssen, bevor es zu einer dauerhaften Partnerschaft kommen kann. Denn diese Beziehung muss ja erst noch geschaffen werden, sie entsteht nicht durch eine wunderbare Verzauberung, die alle Probleme und Aufgaben bewältigt, sondern eher zerbricht Ihre Partnerschaft gerade an diesem Glauben, dass alles von selbst kommt, wenn nur erst einmal der oder die Richtige da ist. Beziehungen zerbrechen nicht zufällig, sondern immer wieder an bestimmten, unbewältigten Aufgaben, die weitgehend gelöst sein müssen, bevor man gemeinsam den nächsten Schritt tun kann.

Da ist es nur natürlich, dass Sie sich irgendwann fragen, ob sich so viel Mühe überhaupt lohnt. Sie lohnt sich in jedem Fall, denn es gibt keinen anderen Weg zur Erfüllung, keine bisher nur noch nicht entdeckte Abkürzung. Sokrates antwortete einem Schüler auf die Frage, ob er heiraten solle: „Auf jeden Fall, entweder du wirst glücklich oder weise!“

Eine der Hauptschwierigkeiten ist, dass wir so tief verwurzelte Idealvorstellungen haben, wie eine wirkliche Beziehung auszusehen hat und welche Voraussetzungen da sein müssen, damit sie Bestand haben kann. Dabei ist die einzige Voraussetzung die Bereitschaft, die notwendigen Schritte zu tun, um diese Voraussetzungen zu schaffen.

Ich weiß, man mag es schon nicht mehr hören, dass alles Arbeit erfordert, aber es ist nun einmal die Realität. Arbeit im Sinne von unablässigem Einsatz für ein erstrebenswertes Ziel. Nun kann man mit Arbeit zwar nicht alles im Leben erreichen. Sie werden dadurch keine blauen Augen bekommen, wenn Sie sie nicht schon haben, Sie können durch Arbeit kein Genie werden, wenn Sie nicht ohnehin die Voraussetzungen dafür mitbringen, und durch Arbeit allein bekommen Sie auch keinen Nobelpreis oder werden berühmt; aber wenn Sie in der Liebe eine dauerhafte und erfüllende Partnerschaft anstreben, dann ist das nur durch ständige Bemühungen zu erreichen. Mag Ihnen die Liebe in den Schoß fallen, halten können Sie sie nur durch Ihren beständigen Einsatz. Finden Sie sich damit ab, dass es einer ständigen Anstrengung bedarf, das Leben eines Erwachsenen zu führen. Was immer Sie im Leben erreicht haben, haben Sie erreicht, weil Sie sich dafür eingesetzt haben, weil Sie nicht aufgegeben haben, bevor Sie am Ziel waren, auch wenn der Weg schwierig wurde. Nur bei der Liebe geben Sie sich der phantastischen Vorstellung hin, dass Ihnen alles wie von selbst in den Schoß fällt und plötzlich alles vorhanden ist.

Das Märchen von der oder dem Richtigen verhindert unzählige gute und dauerhafte Partnerschaften, denn es führt Sie in die Sackgasse, auf den glücklichen Zufall warten zu müssen, ohne selbst etwas Hilfreiches tun zu können. Und so legen Sie vielleicht die Hände in den Schoß und hoffen, dass es bald geschieht, während das Glück darauf wartet, dass Sie es in die Hände nehmen und ihm eine wirkliche Chance geben.

Mag es noch so zauberhaft beginnen, wie es weitergeht, bestimmen Sie selbst. Die Wirklichkeit sieht anders aus, als es im Liebesfilm gezeigt wird. Wo von einem Moment zum anderen durch einen einzigen Blick ein Märchen von ewiger Leidenschaft und unwandelbarer Treue Wirklichkeit wird, eingeleitet durch eine zauberhafte und phantasievolle Verführung. Unsere Phantasie ist eine wunderbare Quelle von Inspiration, und ein Tagtraum kann sehr erfüllend sein, aber er ist eben nur ein Traum. Wenn Sie ihn verwirklichen wollen, müssen Sie aufwachen. Die Wirklichkeit ist meist so anders, dass Sie den Anfang einer viel versprechenden Beziehung oft gar nicht erkennen. Es geht also nicht um die ideale, sondern um die tatsächliche Beziehung, um die Hindernisse, die ihr im Weg stehen, und um die schönen und weniger schönen Methoden, deren wir uns auf dem Wege dazu bedienen, diese Hindernisse zu beseitigen.

Es geht um eine Einführung in die Gesetzmäßigkeiten einer Partnerschaft. Denn wenn zwei Menschen sich begegnen, erfinden sie die Regeln, nach denen das geschieht, nicht jedes Mal neu. Alles, was sie erleben, haben Millionen schon vor ihnen erlebt, und es geschah nach den gleichen Gesetzmäßigkeiten. Das Ritual der Entwicklung einer Beziehung zwischen zwei Menschen ist so alt wie die Menschheit. Die Schritte auf dem Weg sind ebenso vorhersehbar wie die Hindernisse und Schwierigkeiten. Wohl dem, der darauf wirklich vorbereitet ist. Er kann die meisten Probleme lösen, bevor sie überhaupt entstehen. Vorausgesetzt er weiß, was da auf ihn zukommt.

Irgendwie geht es natürlich auch ohne dieses Wissen. Tagtäglich finden Menschen zueinander und einen Weg durch heikle Situationen, aber viel häufiger finden sie eben keinen Weg und scheitern. Oft blicken sie auf eine Kette gescheiterter Beziehungen zurück und fragen sich, was sie da wohl falsch gemacht haben könnten, weil ihre Beziehungen sehr häufig in der gleichen Phase scheiterten.

Sie haben vielleicht solche Angst vor Ablehnung, dass sie sich nicht wirklich auf eine Beziehung einlassen. Sie beginnen mit so hohen Idealen, dass keine Wirklichkeit dem standhalten könnte. Sie haben beständig Angst, alles falsch zu machen, sodass sie dann wirklich immer wieder unnötige Belastungen schaffen. Sie wollen sich nicht wirklich binden oder begegnen einfach nicht dem oder der Richtigen.

Wenn Sie es wirklich ernst meinen, müssen Sie sich zuerst einmal von Ihren Idealen befreien, damit Sie eine Chance haben, der Wirklichkeit zu begegnen. Sie sollten aufhören, nach Glück, Liebe und Erfüllung zu suchen, Sie finden das alles, indem Sie es schaffen. Was Sie am meisten daran hindert, die inneren Strukturen einer Partnerschaft zu erkennen, ist der Glaube, es gäbe sie gar nicht. Die Liebe findet Sie nicht, wenn Sie ihr nicht ein gutes Stück entgegengehen und ihr beide Hände hinhalten. Die Liebe ist nicht ein Ereignis, das einfach geschieht, sondern ein Weg, den wir gehen müssen, wollen wir ans Ziel kommen. Das Ziel ist eine erfüllende, liebevolle Partnerschaft, in der man sich miteinander und aneinander erfreut, in der beide Partner die Freiheit haben, auf ihrem Weg zu wachsen und jeder dem anderen dabei liebevoll hilft.

Wir aber haben oft eine bestimmte Vorstellung von dem oder der Richtigen und vergleichen bei jeder Begegnung den anderen mit unserer Vorstellung, und wenn er damit nicht übereinstimmt, kann es ja nicht der oder die Richtige sein, und so geben wir mancher Beziehung gar nicht erst eine Chance, weil wir einem Phantom nachlaufen. Treffen wir aber wirklich einmal jemanden, der mit unserer Vorstellung übereinstimmt, heißt das nur, dass der andere mit unserer Vorstellung übereinstimmt und nicht, dass es nun auch der/die Richtige ist!

Wir suchen nach der Liebe, aber wir wissen nicht einmal, was das ist, wie sie aussieht und woran man sie erkennt. Vor allem aber wissen wir nicht, wie man sie hält, wenn sie uns begegnet. Die Liebe ist eine allumfassende Energie, die alles erfüllt, was sich ihr öffnet. Deshalb können Sie Liebe auch erleben, wenn Sie allein sind. Und so haben Sie sie schon unzählige Male erlebt, Sie haben sie nur nicht als Liebe erkannt. Dieses totale, erfüllende Glücksgefühl, ohne besonderen Grund – das war Liebe, reine, bedingungslose Liebe. Die Liebe ist überall vorhanden und wartet nur darauf, dass sie jemanden findet, der offen und bereit für sie ist. Die Liebe stellt keine Bedingungen, ist immer bereit, immer da. Das Einzige, was zu tun ist, um mit der Liebe in Kontakt zu kommen, ist, sich ihr zu öffnen und offen zu bleiben. Dann geschieht Liebe, in uns und durch uns.

2

Wer den Wind ersehnt …

„Männer sind wie
Streichhölzer,
sie flammen plötzlich auf
und verlieren dann
den Kopf.“

Wir alle gehen durch die Tage und die Nächte mit der Sehnsucht nach Liebe. Natürlich wissen wir nicht genau, was das ist: Liebe. Aber die Sehnsucht danach, die kennen wir alle (es sei denn, sie wäre schon erstickt worden durch eine Partnerschaft, durch das Alter, durch Selbstaufgabe). Was wir wollen und suchen, sind Verständnis, Zärtlichkeit und natürlich auch Leidenschaft, die sexuelle Erfüllung, die, wie wir alle wissen, so selten ist.

Wir suchen nach jemandem, der/die neben uns geht, sitzt, schläft, der/die mit uns lacht und trauert, sich mit uns über unsere Erfolge freut und uns tröstet, wenn wir unglücklich sind („lindere meinen Kummer …“). Wir suchen nach jemandem, der unsere Träume mit uns träumt, auch gerade, wenn sie nicht in Erfüllung gehen. Dabei wissen wir genau, dass wir eigentlich nicht liebenswert sind: Wir kennen uns am Morgen, nach einer durchzechten Nacht, wir kennen uns, wenn wir nicht „gut drauf“ sind – und wir haben alle einen Spiegel zu Hause.

Wir möchten, dass der Wind weht, aber wir haben eine (vielleicht sogar unbewusste) tiefe Angst vor ihm. Wir wollen nicht mitgerissen werden.

Der Sturm entwurzelt Bäume, er deckt das Dach ab – und wir wollen nicht, dass unsere Bäume, die ohnehin nicht in den Himmel wachsen, entwurzelt werden, wir wollen auch nicht „das Dach über dem Kopf" verlieren. Deshalb erschrecken wir, wenn aus einem Versuch, der ja noch nichts zu bedeuten hatte, nach einer ersten, unverbindlichen Verabredung mit einem Male etwas wird, das wir nicht mehr kontrollieren können, wenn plötzlich das Klingeln des Telefons rasendes Herzklopfen hervorruft oder – andersherum – wenn uns das Schweigen des Telefons in tiefe Depressionen stürzt, wenn wir dreimal am Tage im Briefkasten nachsehen, obwohl die Post ja, bekanntermaßen, nur einmal am Tag kommt.

Wenn wir selbstsicher waren, dann sind wir es jetzt nicht mehr; wenn das Leben grau war, ist es jetzt ein Kaleidoskop von Farben. Wir befinden uns (und dagegen hilft gar nichts) im Zustand der Unzurechnungsfähigkeit. Kurz und einfach gesagt: Die Liebe hat uns erwischt.

Wer einmal diese Wechselbäder der Gefühle erlebt hat (das erste Mal ist man vielleicht 14 oder 16 und hat keine Ahnung, was mit einem geschieht), fürchtet sich vor diesem Zustand und sehnt ihn gleichzeitig herbei.

Nur, hierbei kann man nicht aus Erfahrung lernen, im Gegenteil, es wird von Mal zu Mal schlimmer. Was bei Halbwüchsigen noch wie ein Schnupfen ist, wird später zu einer Grippe, und es kann dauern. Wenn es uns noch später erwischt, dann ist es meistens schon eine Lungenentzündung, die unter Umständen tödlich sein kann. Das ist dann das, was die Psychologen die „Midlifecrisis" nennen.

Nun ist es nicht immer so, dass wir Wind säen und Sturm ernten, im Gegenteil, die meisten Affären, Liebschaften, Verhältnisse sind eher (nach einiger Zeit) langweilig; allmählich sterben die Gefühle an Unterernährung, die Zärtlichkeiten werden zur Gewohnheit und manche Eigenschaften des Partners, die wir früher einmal lustig fanden, sind jetzt nur noch albern. Kleinere Schönheitsfehler, die wir damals kaum bemerkt haben, stoßen uns ab, und Eigenheiten des Partners, die wir früher einfach nicht zur Kenntnis genommen haben, sind uns auf einmal überaus lästig. Kein Herzklopfen, kein Rausch der Sinne, keine rosaroten Wolken, auf denen wir schweben; aber bedauern wir das wirklich? Ist sie nicht viel gesünder, viel vernünftiger, diese Liebe auf Sparflamme?

Ein Gefährte/eine Gefährtin, jemand, der die Gefahren (daher kommt das Wort schließlich) des Alltags mit uns besteht, der sich mit uns über die Mietsteigerung ärgert und sich über die Gehaltserhöhung mit uns freut, das ist die normale, die Alltagsliebe, das ist der Wind, den wir ersehnen. Der Sturm ist eher etwas fürs Kino oder für die dicken Romane.

Es wird zwar immer Menschen geben, die das Gefühl, wirklich zu leben, nur dann haben, wenn sie sich mit allen Fasern spüren, die den Rausch brauchen, die in allem bis zu den Grenzen gehen müssen, auch in der Liebe – aber seien Sie ehrlich zu sich selbst, gehören Sie zu denen? Lohnt sich so viel Leid, so viel Schmerz, so viel Verzweiflung? Denn darauf läuft es doch letztlich immer hinaus.

Und das Wichtigste von allem: Der Sturm erfasst meistens immer nur einen von den beiden. Natürlich gibt es das, dass zwei Menschen vom gleichen „Liebeswahnsinn“ befallen werden, für ein paar Wochen oder Monate, aber dann bleibt einer zurück, während der andere immer noch vorwärts geht (stürmt). Wenn eine solche Passion für beide bis zum Ende dauern soll, dann muss das Ende bald kommen, so wie bei Romeo und Julia, sonst wird (mindestens) einer von beiden schrecklich leiden.

Stürmisch lieben ist zu glauben, ohne diesen bestimmten Menschen nicht mehr leben zu können. Gewiss, Liebe sollte sein – aber muss es stürmische Leidenschaft sein? Keinen klaren Gedanken mehr fassen können? Hohläugig und bleich durch die Gegend laufen? Seufzen und klagen, sterben wollen, weil er/sie einen nicht mehr liebt. Wollen Sie das wirklich? Also: Mast- und Schotbruch und guten Wind, wie die Segler sagen, und bloß keinen Sturm – oder doch?

Vom Blitz getroffen!

Es geschieht nicht vielen Menschen, dass der Blitzschlag der Liebe sie trifft, aber die, denen es passiert, sind unfähig, sich zu wehren gegen das, was mit ihnen vorgeht. Es ist, als hätten sie keinen Verstand mehr, als hätten sie niemals irgendwelche Erfahrungen gemacht – als hätten sie niemals vorher geliebt. Es kann der Gymnasialprofessor sein, der einer Hure begegnet (Professor Unrat bzw. „Der blaue Engel"), eine adelige Gutsbesitzerin und Ehefrau, die einem Reitknecht verfällt (Lady Chatterley) oder ein Admiral und Nationalheld, der einer Kokotte wegen seinen Ruf aufs Spiel setzt – mit einem Mal werden Moral, soziale Unterschiede, Schönheitsideale gegenstandslos.

Romeo sieht Julia, und die Liebe zu Roslinde, die der Inbegriff von Schönheit für ihn war, die, für die er seufzte, um die er litt, existiert nicht mehr, von einem Augenblick zum anderen. Romeo begibt sich (ebenso wie

Julia) in Lebensgefahr, bricht Gesetze und stirbt, weil er ohne sie nicht leben will, ebenso wie sie stirbt ohne ihn.

Dazustehen wie vom Blitz getroffen, wie vom Donner gerührt, die Welt nicht mehr zu sehen, das bisher gelebte Leben auszulöschen, Menschen zu verletzen und zu verlassen, die man bisher geliebt hat, sich finanziell und moralisch zu ruinieren, das ist etwas, was man sicher keinem Menschen wünscht, am wenigsten sich selbst – und doch geschieht es.

Weder Liebe (die normale) noch Verantwortungsgefühl, noch Reife oder Erfahrungen schützen davor, eines Tages aus heiterem Himmel vom „Blitz" getroffen zu werden – es gibt nichts, was Sie davor schützen könnte, wenn es Ihnen bestimmt ist. Wie viel Leid Sie damit auch anderen zufügen werden, wie sehr es Ihr (bisheriges) Leben auch zerstören mag – Sie werden sich nicht wehren können, und auch die Gewissheit, dass ein solches Übermaß an Leidenschaft nicht zu einem dauerhaften Glück führen kann, wird Sie nicht zurückhalten.

3

Don Juan

Don Juan, das ist der Mannskerl, der mit dem durchdringenden Blick, mit den blitzenden Zähnen, den breiten Schultern und den schmalen Hüften, der mit der Dauererektion – kurz: der Prototyp des Penetrierers. Der, auf den angeblich alle Frauen warten.

Mitnichten, meine Herren, mitnichten. Die (angenommen, es stimmt) mengenmäßig erstaunlichen Erfolge dieses „Edelmannes“ im Spanien des Jahres 1613 sind von jedem einigermaßen attraktiven Playboy unserer Tage ebenfalls zu erreichen, wenn er nichts anderes zu tun hat, über genügend Geld (und damit Zeit) und eine ausreichende Potenz verfügt.

Dieses Sammeln von – ja, wie sag ich es – Kurzzeit-Beischläferinnen ist nichts anderes als ein psychischer Defekt (in der Psychoanalyse als „Don-Juanismus“ bekannt). Wo Casanova die Frauen zu seinem und ihrem Vergnügen beglückte und jede Gelegenheit, die sich bot, nutzte, reist Don Juan mit einer Art Abreißkalender durch die Lande und macht sich jedes Mal eine neue Kerbe in seinen …, na, im Wilden Westen jedenfalls war es der Griff des Colts: eine Kerbe nach jedem Abschuss. Wo der eine keine Gelegenheit auslässt, die man (Frau) ihm bietet, sucht der andere unablässig danach und schafft sie sich erst, koste es, was es wolle. Casanova kam den Damen entgegen, Don Juan „verfolgt" sie, das genau ist der Unterschied.

Der eine (Casanova) verspricht nichts und hält alles, der andere (Don Juan) macht jede gewünschte Versprechung und hält keine davon. Vor allem aber behauptet er etwas, nämlich Liebe und Glück zu schenken. Wo es sich bei Casanova um ein beidseitiges Vergnügen handelte, ist es bei Don Juan eine Verführung, notfalls mit Mord und Totschlag verbunden – wenn er nur zu seinem Ziel kommt.

Nein, Don Juan (und alle seine Nachfolger), das ist der Typ von Mann, auf den eine Frau zwar (manchmal) hereinfällt, aber auch nur dann, wenn sie unerfahren ist, an den sie, nachher, aber mit Sicherheit keine gute Erinnerung hat. Bei dieser Art von Mann bleibt ihr selten mehr als ein bitterer Nachgeschmack, und das nicht nur, weil sie getäuscht worden ist. Don Juan liebt nämlich weder die Frauen noch die Liebe – er liebt nur sich selbst und seinen Erfolg.

Hinweis an die Frauen

Wenn Sie, meine Damen, schon einmal Lust auf so eine Art von Mann haben, warum nicht – aber fallen Sie bitte nicht auf ihn herein. Nutzen Sie seine (unbestrittenen) männlichen Qualitäten, aber versprechen Sie sich nicht mehr davon als eine leidenschaftliche Nacht – und dann lassen Sie ihn weiterziehen.

Einen Menschen zu lieben heißt, sich selbst geben, für den anderen denken und fühlen und für ihn das Beste wollen und wünschen, ohne darauf zu achten, ob ich etwas zurückbekomme. Liebe will geben und erfüllt sich im Geben.

Liebe ist die Freude, die wir in Gedanken an den geliebten Menschen oder in seiner Gegenwart empfinden, die Freude, in seiner Nähe sein zu können, sich an ihm zu erfreuen oder mit ihm in einem gemeinsamen Tun Erfüllung zu finden.

Lieben heißt, sich öffnen, den anderen hereinlassen, Anteil nehmen lassen an dem, was mich bewegt, und mich selbst ihm mitteilen, ja alles mit ihm teilen wollen. Lieben heißt, mit Freude zum Wohl des anderen und zu seiner persönlichen Entfaltung beizutragen und ganz für ihn da zu sein.

Liebe ich den anderen oder brauche ich ihn?

Wir sagen oft „Ich liebe dich", aber wir meinen eigentlich „Ich brauche dich" oder „Verlass mich nicht". Das zeigt nur, dass wir wirkliche Liebe noch gar nicht erfahren haben. Die Voraussetzung dafür ist, dass wir beginnen, uns selbst zu lieben, uns vorbehaltlos annehmen, so wie wir sind, ja sagen zu unserem Sosein. Das führt dazu, dass wir auch allein glücklich und zufrieden sind. Dann trifft uns die Kritik der anderen nicht mehr schmerzhaft, und wir sind aus der Abhängigkeit vom anderen befreit. Denn solange ich den anderen brauche, bin ich nicht wirklich frei. Haben wir uns selbst von der Angst befreit, allein gelassen zu werden, sind wir auch fähig, unserem Partner mehr Freiheit zu geben, und erst dann wird wahre Liebe möglich, denn Liebe kann man nicht einsperren, festhalten. Versuchen wir's, stirbt sie, und in vielen Beziehungen ist sie längst gestorben. Was bleibt, ist Gewohnheit.

Manche kommen auch von ihrem Partner nicht los, obwohl sie längst wissen, dass es vorbei ist. Dahinter steht immer die Angst: „Ich schaffe es nicht allein." Diese Angst hält sie in der Beziehung fest, die längst keine mehr ist, obwohl sie gehen möchten. Was wirklich fehlt, ist Selbstvertrauen, der Glaube, das Leben auch allein meistern zu können.

Ähnliches geschieht auch bei der Liebe: Wir lieben nicht, wir lieben nur etwas. Und dieses Etwas lieben wir lediglich aus einem bestimmten Grund. Erst eine gedankliche Reaktion auf eine Äußerlichkeit mobilisiert in uns das Gefühl Liebe. Wir bilden uns ein, ein Mensch sei schön, nett oder gescheit. Und deshalb lieben wir ihn. Gäbe es diesen eingebildeten Grund nicht, würden wir nicht lieben. Wir haben das Gefühl an eine ganz bestimmte Bedingung geknüpft. Da wir den betreffenden Menschen nur unter dieser und jener Bedingung lieben: Was lieben wir denn dann eigentlich? Lieben wir wirklich diesen Menschen, so wie er gerade ist und wie er sich in seiner Persönlichkeit auch entwickeln kann? Oder lieben wir eine von uns gesetzte Bedingung, von der wir glauben, dass sie erfüllt ist oder einmal erfüllt war? Lieben wir eingeschränkt und nur bedingt (nämlich die Bedingung)?

Und es stellt sich am eindringlichsten die Frage: Lieben wir in diesem Falle überhaupt? Kann Liebe überhaupt auf Bedingungen beruhen?

4

Frei und doch geborgen sein

„Liebe dich selbst,
dann wirst du
jemanden finden,
der dich ebenso liebt.“

Sehr häufig höre ich Menschen sagen: „Ich wünsche mir so sehr einen Partner, doch wenn jemand kommt und mir seine ganze Liebe schenken will, bekomme ich Angst und ziehe mich zurück.“

Nicht jedem ist dieser Mechanismus so bewusst. Viele Menschen begeben sich erst gar nicht in Situationen, in denen tiefere Zuneigung entstehen könnte. Tatsache ist, dass wir alle in unterschiedlichem Ausmaß Angst davor haben, wirklich geliebt zu werden. Das, was wir am meisten ersehnen, kann uns erschrecken und zutiefst erschüttern, wenn es in unser Leben einbricht.

Das ist der Grund, warum die meisten Menschen sich dafür entschieden haben, diese alles verwandelnde Kraft zu meiden. Was sie Liebe nennen, besteht in der Regel aus projizierten Ängsten, Bedürfnissen, Erwartungen, triebhaften Neigungen, Besitz- und Machtansprüchen. So ist es durchaus möglich, sich einigen Affären und Abenteuern scheinbar hinzugeben, ohne sich allerdings wirklich im Inneren berühren zu lassen. Gelangweilt und enttäuscht ziehen sich dann viele früher oder später zurück auf die Abstellgleise scheinbarer Vernunft, die in Wirklichkeit aus nichts anderem als Resignation und Enttäuschung bestehen.

Liebe ist die stärkste Macht im Universum. In dem Maße, wie wir uns dieser Energie öffnen, verwandelt sie alle Bereiche unseres Lebens. Liebe heilt und bringt somit nach und nach alles an die Oberfläche, was der Verwirklichung unseres wahren Selbst im Wege steht.

Wenn wir von einem Menschen sehr geliebt werden, kommen alle inneren Bereiche, die dieser Liebe nicht entsprechen, ans Licht. Dies äußert sich oftmals in Form von Angst, Panik, Wut, Traurigkeit, Eifersucht, Ärger und Schmerzen. Dieser Prozess, der in der Regel schon während der so genannten Flitterwochen – oder sehr bald danach – einsetzt, wird sehr oft falsch interpretiert und nicht verstanden als das, was er ist: Reinigung und Heilung für beide Partner.

In dieser Phase erscheinen die hohen Ideale und Erwartungen, mit denen sich die Liebenden begegnet sind, illusionär. Selbst Paare mit großem gemeinsamem Potenzial gehen dann mitunter sehr bald enttäuscht auseinander mit dem unausgesprochenen Vorsatz, sich nie wieder der Liebe zu öffnen. Sie wollen nicht ein weiteres Mal auf so schmerzhafte Weise enttäuscht und verletzt werden. Andere wiederum beißen die Zähne zusammen und reduzieren den Fluss der Zuneigung auf ein erträgliches, ungefährliches Minimum. Beide Partner hören auf, eine Erfüllung im Zusammensein mit dem anderen auch nur zu erwarten.

Liebe wird dann anspruchslos und was übrig bleibt, ist eine Wahl- und Lebensgemeinschaft, um den Alltag gemeinsam besser zu bewältigen. Die Beziehung mag die äußeren Lebensumstände des Paares perfekt organisieren, doch die Partner vermögen es nicht, sich innerlich zu berühren und gemeinsam zu wachsen. Die Partnerschaft bleibt ein außen orientiertes Nebeneinander, kein wirklich inneres Miteinander.

5

Die Suche nach dem Richtigen

Vielleicht geht es Ihnen so wie mir: Die alles bestimmende Kraft in meinem Leben war lange Zeit die Jagd nach der Richtigen! Und jedes Mal wieder hatte ich in der Verliebtheit der ersten paar Tage die Illusion, am Ziel meiner Wünsche zu sein. Aber meistens kamen mir dann zwei Dinge in die Quere: erstens die schleichende Gewissheit, dass diejenige doch nicht diejenige welche war; zweitens – ich. Der erste Punkt desillusionierte mich jedes Mal ein Stück mehr, zumal ich noch gar nicht wusste, dass es diejenige überhaupt gibt. Mit dem zweiten Punkt schlug ich mich mit wechselndem Erfolg herum – mal durch den Druck der ehemals Angebeteten motiviert, mal eher durch die eigene Not getrieben.

Heute weiß ich, dass keiner um den zweiten Punkt herumkommt, sich mit sich selbst auseinander zu setzen. Aber ich weiß heute auch, dass es die- bzw. denjenigen gibt, dem/der die Suche gilt.

„Die Leute fragen mich, wann ich wusste, dass ich Anne heiraten wollte. Ich antworte immer: ‚An dem Tag, bevor ich sie getroffen habe. Man muss den Wunsch haben zu heiraten, bevor man jemandem begegnen kann, den man heiraten will.'" (Charles, 37, Anthropologe.)

„Es war ein allmähliches Auftauen. Ich sah, wie herrlich das Zusammensein mit James sein konnte. Ich hatte es nicht mehr nötig, so bitter zu sein, so betont unabhängig. Ich wollte ein gemeinsames Zuhause, und die Voraussetzung dafür ist die Ehe.“ (Lily, zehn Jahre geschieden, bis sie vor kurzem wieder geheiratet hat.)

Verliebt sein ist das erhebendste und leidenschaftlichste Erlebnis auf der Welt, und natürlich würden wir es am liebsten für immer festhalten. Leider erkennen wir nicht, dass wir in Wahrheit das Universum in uns selbst erfahren. Wir sehen, dass der andere dieses Erlebnis herbeigeführt hat, und glauben, er wäre es, der so wundervoll ist! Natürlich nehmen wir in dem Moment, in dem wir uns verlieben, die Schönheit der Seele dieses Menschen wahr. Was wir aber nicht erkennen, ist, dass sie ein Spiegel für unsere eigene Seele ist. Wir wissen nur, dass wir dieses großartige Gefühl erleben, wenn wir mit dem anderen zusammen sind. Also übertragen wir unsere Kraft sofort auf den anderen und verlagern die Quelle unseres Glücks nach außen.

Der andere wird augenblicklich zu einem Objekt, zu etwas, das wir besitzen und festhalten wollen. Die Beziehung wird zu einer Abhängigkeit. Wie bei einer Droge wollen wir immer mehr von dem, was uns high macht. Das Problem dabei ist, dass wir von der äußeren Form unserer Beziehung zu dem anderen abhängig werden und nicht erkennen, dass es uns eigentlich um die Energie geht. Wir konzentrieren uns auf die Persönlichkeit und den Körper des anderen und versuchen, uns daran festzuklammern. Sobald wir das tun, wird die Energie blockiert. Indem wir an unserem Kanal festhalten, strangulieren wir ihn und sperren genau die Energie aus, die wir suchen.

Wahre Leidenschaft bringt uns zusammen, aber unsere Bedürftigkeit gewinnt bald die Oberhand. Die Beziehung stirbt fast schon mit ihrem Aufblühen. Dann geraten wir erst recht in Panik und versuchen, noch fester zu halten. Das ursprüngliche Gefühl der Verliebtheit war so stark, dass wir manchmal Jahre darauf verwenden, es wiederherstellen zu wollen. Aber je mehr wir es versuchen, um so weniger gelingt uns das. Erst wenn wir aufgeben und loslassen, beginnt die Energie wieder zu fließen, und wir können das Gefühl wieder erleben.

6

Ist Verliebtheit auch Liebe?

„Ich liebe DICH?
Was will das ‚D'
vor einem ICH?"

Viele Menschen glauben, dass das Verliebtsein eine Form der Liebe ist, da sich beide Zustände sehr ähnlich anfühlen und auch ähnliche Auswirkungen auf uns haben: Plötzlich nehmen wir unsere Umwelt viel intensiver und positiver wahr.

Das Verliebtsein stammt jedoch aus einer ganz anderen Quelle als die Liebe. Das Verliebtsein entspringt unserem Inneren, die Liebe hingegen der göttlichen Quelle.

Das Verliebtsein hat nur insoweit mit Liebe zu tun, als dieses unmittelbare Gefühl uns verführen soll, uns auf Menschen einzulassen und nach „mehr" zu suchen, nämlich nach der Liebe.

Die Verliebtheit ist eine Energie, die uns nur begrenzt zur Verfügung steht (wir können uns nicht jeden Tag verlieben) und die wir – ausgelöst durch einen Menschen oder ein Objekt – von einer Minute auf die andere in uns wachrufen können. Um uns verlieben zu können, müssen wir jedoch in der Lage sein, unsere Wertungen über den anderen kurzfristig aufgeben zu können. Deswegen verlieben sich auch manche Menschen, denen das leicht fällt, viel häufiger als andere.

Verliebt sein hat wenig mit dem anderen zu tun. Vielmehr bekommt man Zugang zu seinem eigenen Wesen und ist wie berauscht von sich selbst. Und genau das macht das Verliebtsein zu einem solch herrlichen Zustand.

Das Verliebtsein entsteht, indem wir unser positives Idealbild auf einen anderen Menschen projizieren und dann meinen, ihn zu lieben. Dabei sehen wir kaum die Realität des anderen, weil wir, um uns zu verlieben, die Begegnung mit dem anderen gar nicht brauchen. Aber auch wir müssen uns in dem, was wir sind, nicht zeigen. Dies kommt unseren Gesellschaftsnormen sehr entgegen, die eher zum Verstecken als zum Zeigen des eigenen Inneren einladen. Erst wenn die Verliebtheit nachlässt oder aufhört, beginnen wir zu sehen, wie der andere wirklich ist. Das schockiert uns vor allem dann, wenn wir uns große Illusionen über den anderen gemacht hatten. Vielleicht kennen Sie bei sich oder bei Ihren Freunden den Ausspruch: „Wo habe ich denn da hingeschaut, als ich mich verliebt habe?“

Das Sprichwort „Liebe macht blind“ beschreibt diesen Zustand des Verliebtseins. Wahre Liebe ist nie blind, denn sie sieht die Realität des anderen.

7

Wir lernen Sex statt Liebe

Über das Märchen vom Storch, der die Kinder bringt, können die meisten Fünfjährigen heute nur noch lachen. Die Zehnjährigen wissen schon ganz genau, wie die Baby-Produktion funktioniert, und nicht wenige Zwölfjährige machen bereits die ersten Erfahrungen mit dem Sex, als sei er nicht mehr als ein Computerspiel.

Anschauungsunterricht gibt es im Übermaß. In den Schulen steht Sexualkunde auf dem Lehrplan. In vielen bunten Blättern wird erklärt, was „sexy" ist, in Jugendzeitschriften, worauf man beim „ersten Mal" achten muss. Aber vor allem lehrt Fernsehen, macht klar, dass die Sexvarianten allmählich die Vielfalt von Wurstsorten erreicht haben. Doch kaum jemand erklärt den Kids, was Liebe wirklich ist.

Niemand bestreitet, dass sexuelle Aufklärung wichtig ist, die Befreiung aus sexueller Verklemmtheit überfällig war und jeder vor der Ehe seine Erfahrungen machen sollte. Dass zur Liebe zwar der Sex gehört, Sex ohne Liebe aber ein allzu flüchtiges Gut ist, erfahren die Kinder nicht. Und sie lernen auch nicht, dass die Liebe den Sex überdauert.

Stattdessen erleben täglich Millionen Kids im Fernsehen, dass man Beziehungen wie Hemden wechseln kann, um immer wieder den Kick des ersten Sexrausches zu erleben und permanent glücklich zu sein. Nicht selten täuschen Dreizehnjährige sexuelle Erfahrungen vor, um nicht als „out“ zu gelten, oder hüpfen ins erstbeste Bett oder Gebüsch, um nach dem ersten tolpatschigen Versuch ernüchtert festzustellen: „Das soll’s gewesen sein?“

Die Überbetonung des Sex und die mangelnde Aufklärung über die Liebe sind schuld daran, dass später so viele Ehen zerbrechen – kaum, dass sie richtig begonnen haben.

Da wird auf einmal deutlich, dass keine Partnerschaft geschlossen wurde, sondern nur ein Sexbündnis, das dem Ehealltag nicht standhält. Da wurde Verliebtheit mit Liebe verwechselt. Dann zeigt es sich, dass man sich außerhalb des Bettes nichts zu sagen hat. Dann beginnen die kleinen Macken des anderen zu nerven. Dann zerfetzt man sich in endlosen Streitereien um Nichtigkeiten und läuft allzu schnell zum Scheidungsanwalt. Oft auf Kosten der Kinder.

Jetzt rächt es sich, dass von klein auf immer nur vom Sex, aber nie von der Liebe die Rede war, die man sich erarbeiten muss, weil sie Toleranz bedeutet, ständiges Eingehen auf den anderen. Zärtlichkeit, Vertrauen, Vergeben, Treue und die Erkenntnis, dass der Partner ein Mensch mit Ecken und Kanten ist, kaum veränderbar, aber liebenswert auch ohne tägliche Sexübungen.

Sex ist eine wunderschöne Sache für den Augenblick. Fürs ganze Leben reicht er nicht.

> „Der andere macht mich verliebt,
> lieben aber muss ich schon selbst.“

Verliebt sein ist ein magisches Geschehen und viel schöner als alles, was das Leben sonst zu bieten hat, aber leider viel zu selten. Allzu oft aber sind wir verliebt in eine Phantasie, in unsere Vorstellung vom anderen, anstatt in den anderen. Wir schaffen uns eine Projektion. Das Erkennen der Wirklichkeit kann eine freudige Überraschung sein, ist aber meist eine Enttäuschung.

Viele Menschen schaffen den Schritt nicht vom Verliebtsein zur Liebe. Sie sind verliebt in das Verliebtsein und haben so keine Chance, je zur Liebe zu finden. Dabei gibt es nichts Schöneres, als wirklich zu lieben. Verliebt sein nimmt mit der Zeit ab, Liebe nimmt weiter zu. Es ist wichtig und herrlich, verliebt zu sein, aber wir sollten darüber das Ziel nicht aus den Augen verlieren, zur Liebe zu finden. Verliebt sein ist nur eine Hilfe auf dem Weg, kein Dauerzustand. Auf diesem Weg finden wir statt dem erwarteten Glück häufig zunächst Konflikte, die wir oft genug nicht gelernt haben zu lösen. Der Grund dafür ist, dass beide nicht wissen, dass eine Liebesbeziehung kein fertiges Produkt ist, das uns in den Schoß fällt, sobald wir nur dem oder der Richtigen begegnen. Nur wenn beide bereit sind, ständig zu lernen, kann Liebe geschehen, kann sich eine Partnerschaft entwickeln, in der sich beide überschreiten.

Voraussetzung ist, dass Sie aufhören, auf den oder die Richtige zu warten. Den Herrn Richtig gibt es nicht, nur einen Herrn Vielleicht. Und bei einer Enttäuschung hat es keinen Sinn, dem anderen die Schuld zu geben. Es gibt keine Schuld, nur ein Versagen.

8

Die Liebe fällt nicht vom Himmel

Viele glauben, dass man einfach „weiß“, wenn man dem oder der Richtigen begegnet. Ob man wirklich liebt oder ob man bereit ist für eine Ehe. Man erwartet, dass es erst gar keinen Zweifel gibt, sonst stimmt es nicht. Aber so ist es eher selten. In Wirklichkeit heiraten wir aus vielen Gründen, und die Frage nach dem Warum ist vielen unbequem. Es genügt auch nicht, jemanden zu lieben, um ihn zu heiraten, man muss auch wirklich verheiratet sein wollen. Dazu gehört viel Reife, und die erlangt man nur Schritt für Schritt. So wie man jemanden auch nur allmählich kennen lernt. Nicht umsonst heißt es: Manche lernen sich kennen und heiraten dann, die meisten heiraten und lernen sich dann kennen. Ja manche sind sogar ein Leben lang verheiratet, ohne sich je kennen gelernt zu haben.

Prüfen Sie einmal sorgfältig, ob Sie wirklich bereit sind für die Ehe – möglichst vorher. Bereitschaft ist ein wichtiger Entwicklungsfaktor. Jeder verfügt über ein inneres Timing, wann er wofür bereit ist. Diese Bereitschaft aber ist entscheidend. Manche stellen zu bestimmten Geburtstagen fest, dass sie diese Bereitschaft immer noch nicht erreicht haben. So, wenn ein Mann zum vierzigsten Geburtstag feststellt, dass er immer noch Junggeselle ist. Die eine Frau heiratet mit achtzehn, lebt weiter im Hause der Eltern und erwägt nicht einmal die

Möglichkeit einer eigenen Entscheidung, bevor sie Witwe ist. Eine andere studiert Medizin, eröffnet eine Praxis und verschwendet vor ihrem dreißigsten Geburtstag überhaupt keinen Gedanken an einen passenden Mann. Wer von beiden ist nun reifer? Reife äußert sich bei jedem anders. Wenn Sie noch nicht für eine feste Bindung reif sind, erleben Sie vermutlich immer wieder, dass Sie an den Falschen, die Falsche geraten, verlieben sich nur in Partner, die noch verheiratet sind oder ledig bleiben wollen.

9

Das Gesetz der Liebe

Die Liebe ist das Grundgesetz der „Einen Kraft", die wir GOTT nennen. Wenn man gelernt hat zu lieben und das mit der Weisheit verbindet (bewusst lieben), dann ist man vollkommen. Solange wir auf der Erde sind, ist es unsere Aufgabe – der Sinn unseres Lebens –, lieben zu lernen. Nicht nur die Liebe zu einem Partner, sondern die allumfassende Liebe, die nichts und niemanden mehr ausschließt, um so zum „Botschafter seiner Liebe" zu werden. Lieben heißt auch, seine Möglichkeiten zu nutzen, für andere Chance zu sein. Verliebt sein und Liebe sind wie Blüte und Frucht. Wenn es die Frucht gibt, ist die Blüte verschwunden. Liebe bedeutet verständnisvolles, bewusstes Annehmen von Unzulänglichkeiten. Verliebt sein kann uns zu Dingen verführen, die man später bereut. Wahre Liebe dagegen erhöht uns zu uns selbst.

Liebe ist kein äußeres Tun, sondern eine grundlegende Änderung unseres Seins. Wir begegnen in der Liebe immer genau dem Partner, der uns selbst entspricht, nur einen solchen Partner können wir nach dem Gesetz der Resonanz anziehen. Oft suchen wir nur deshalb die Liebe in einer Partnerbeziehung, weil wir unfähig sind, uns selbst zu lieben. Bewusst oder unbewusst hat jeder ein Idealbild von sich und akzeptiert daher sein Anderssein nicht, und da das Äußere nur ein Spiegelbild des Inneren ist, lehnt er auch sein Äußeres ab. Aber das Idealbild ist ein Ziel, und ein Ziel kann man nur erreichen, indem man sich auf den Weg macht.

Das Ablehnen des eigenen Soseins kommt daher, dass wir fühlen, dass wir eigentlich anders sein sollten, dass wir anders gemeint sind. Wir werden aber nur anders, indem wir uns ändern. Wir haben diese Chance in jedem Augenblick, können sie aber nur nutzen, wenn wir uns zunächst so annehmen, wie wir sind, und uns so lieben.

Hinter großen Leistungen stehen meistens Selbstunsicherheit und Minderwertigkeitsgefühl. Der Mensch, der sich selbst gefunden hat, leistet nichts mehr, er ist. Doch hinter all den großen (und kleineren) Taten und Leistungen der Weltgeschichte stehen immer Menschen, die von ihrem inneren Kleinheitsgefühl zu äußerer Größe getrieben werden. Sie wollen durch ihr Tun der Welt etwas beweisen, obwohl in Wirklichkeit gar niemand da ist, der solche Beweise fordert oder auf sie wartet – ausgenommen der Betreffende selbst. Er will immer nur sich etwas beweisen, doch die Frage ist: Was? Wer viel leistet, sollte sich möglichst früh die Frage stellen, warum er das tut, damit einmal die Enttäuschung nicht zu hart wird. Wer zu sich ehrlich ist, wird als Antwort immer finden: um anerkannt zu werden, um geliebt zu werden. Zwar ist die Suche nach Liebe die einzige bekannte Motivation für Leistung, doch dieser Versuch endet immer unbefriedigend, denn das Ziel ist über diesen Weg niemals erreichbar. Denn Liebe ist zweckfrei, Liebe kann man sich nicht verdienen.

Jeder Mensch sehnt sich – bewusst oder unbewusst – nach dieser bedingungslosen, reinen Liebe, die nur mir selbst gilt und von keinen Äußerlichkeiten, von keinen Leistungen abhängig ist.

Warum geben wir uns nicht selbst diese bedingungslose, reine Liebe? Wie schön könnte doch Ihr Leben sein, würden Sie sich so lieben.

Schon Platon sagt: „Ist es denn nicht klar erkennbar, dass dieses Weltall nichts anderes ist als eine Offenbarung der Liebe? Wie kommt es denn, dass die Atome sich mit den Atomen vereinigen, die Moleküle mit den Molekülen und dass die Planeten einer auf den anderen zustürzen? Was zieht den Menschen zum Menschen hin, den Mann zur Frau, die Frau zum Mann, die Tiere zu den Tieren, und wer zieht gleichsam die ganze Welt zu einem einzigen Mittelpunkt hin? Es ist das, was man Liebe nennt. Ihre Äußerungen reichen vom niedrigsten Atom bis zum edelsten Wesen. Die Liebe ist allmächtig und nimmt alles in sich auf. Was sich in Form von Anziehung mit den Sinnen an Erfüllbarem und nicht Erfassbarem offenbart, im Einzelnen und im Weltall, ist die Liebe Gottes. Sie ist die einzige treibende Kraft, die es im Weltall gibt. Unter dem Antrieb eben dieser Liebe sind die Menschen bereit, ihr Leben für ihr Land zu opfern. Und so merkwürdig es auch klingen mag: Es geschieht ebenfalls unter dem Antrieb der Liebe, dass der Dieb stiehlt und der Mörder mordet. Auch in diesem Falle bleibt der Geist der gleiche, nur die Äußerung ist verschieden. Es herrscht im ganzen Universum immer die gleiche treibende Kraft … Die Liebe, diese treibende Kraft des Weltalls, ohne die es in einem Augenblick in Stücke zerfiele, leuchtet für alle Dinge, und diese Liebe ist Gott.“

10

Verliebt sein

„Die Liebe ist
ein höflicher Gast.
Sie meldet sich
durch Herzklopfen an."

Wir fühlen uns zu einem anderen hingezogen, wenn er uns gleicht, weil wir dadurch Bestätigung unseres Soseins finden. Aber auch Gegensätze ziehen sich an, wenn sie sich ergänzen! Wir brauchen und ziehen an, „was uns vollkommen macht"! Man kann also sagen, die grundlegenden Ähnlichkeiten einer Beziehung bilden das „Fundament", Unterschiede die „Faszination"!

Verliebtheit kennt extreme Stimmungsschwankungen sowie Eifersucht und erscheint für außen Stehende mitunter recht egoistisch, weil sie einfach auf der Erwiderung ihrer Gefühle besteht. Verliebtheit kann für den Geliebten sehr bedrängend, fordernd, ja sogar erstickend sein und ist wohl eher der Wunsch, geliebt zu werden, statt Liebe, und braucht und verlangt ständige „Liebesbeweise"! Der Verliebte sagt: „Ich liebe den anderen so sehr, dass ich verletzt, traurig oder wütend werde, wenn er jemand anderen liebt." Der Verliebte will den Geliebten besitzen, ganz für sich allein haben, ist abhängig. Solange aber in der Liebe eine Abhängigkeit in irgendeiner Form besteht, ist die Beziehung noch gestört – fehlt in

Wirklichkeit Liebe, vor allem Liebe zu sich selbst. Verliebtheit kann sich daher auch gegen den anderen richten. Wir sind enttäuscht von ihm, weil er uns nicht liebt. Wollen uns vielleicht sogar dafür „rächen“, aber einem Menschen, den wir wirklich lieben, würden wir doch nie einen Schaden zufügen wollen. Wenn ich den anderen wirklich liebe, dann freue ich mich darüber, dass er liebt, auch wenn seine Liebe nicht mir gilt.

In der Liebe empfinde ich den Herzenswunsch, der andere möge glücklich sein, und ich bin bereit, alles dafür zu tun. Ihm Zeit zu geben, wenn er Zeit braucht, Aufmerksamkeit, wenn er Aufmerksamkeit braucht, und Freiheit, wenn er Freiheit braucht. In der Liebe erwarte ich nicht unbedingte Erwiderung der Gefühle, sondern ich handele aus einer zärtlichen Zuneigung, aus Achtung und Respekt, ja aus Bewunderung.

Ich kann neben ihm noch andere Menschen lieben und gestehe ihm das gleiche Recht zu. In der Liebe bin ich emotional nicht von den Reaktionen des anderen abhängig, denn ich liebe ihn unabhängig davon, ob meine Gefühle erwidert werden – weil ich ihn liebe.

Wie reagieren Sie?

Je nachdem, ob es in Pinneberg passiert, in Bottrop oder in Unterhaching, beschreiben die Betroffenen den Vorgang als „funken“, „knallen“ oder „schnackln“. Je nachdem, ob die Beteiligten unter zwanzig sind oder über vierzig, nennen sie das damit verbundene Gefühl „irre“ oder „berauschend“. Je nachdem, ob sie Hallodris sind oder von eher solider Natur, kann daraus eine gemeinsame Nacht werden oder ein gemeinsames Leben.

Die Rede ist, nein, nicht von der Liebe an sich. Die steht, wenn alles gut geht, ohnehin erst am Ende einer Beziehung. Gemeint ist der Anfang, gewissermaßen der Urknall der Liebe: erste Begegnung, erster Blick, zweiter Blick, Irritation, Kontaktaufnahme. Bei günstigen Winden erbebt die Erde, und zwei sind verliebt.

Ein Zustand, von dem wir längst wissen, dass er ein hormonelles Feuerwerk in der Hirnanhangdrüse ist. Wir wissen, was es mit der Ausschüttung von Noradrenalinen und dem biochemischen Naschwerk Phenylethylamin beim Anblick des Objektes unserer Begierde auf sich hat.

Aber warum? Warum schütten wir bei Herrn oder Frau Dingsbums null und nichts aus und bei Herrn oder Frau Sowieso laufen wir schier über?

Was lieben Sie am anderen so und warum? Was brauchen Sie noch vom anderen und warum? Wie äußert sich Ihre Liebe? Und was würde sich ändern, wenn er Sie nicht oder nicht mehr lieben würde? Dabei sollten Sie nicht aus der Erinnerung antworten, sondern hier und jetzt. Welches Tier lieben Sie besonders und warum? Was schätzen Sie an dem Tier besonders, seine Anhänglichkeit, seine Treue …? Natürlich sollten Sie sich auch fragen, ob Ihnen das, was Sie an dem Tier so schätzen, etwa selbst fehlt. Und warum fehlt es Ihnen? Jede Vorliebe für etwas ist, ebenso wie jede Abneigung gegen etwas, immer ein Hinweis auf einen Mangel in mir. Was also lehnen Sie ab, gegen was sind Sie allergisch, was macht Sie ärgerlich, nervös, unruhig? Und warum?

Die wahre Liebe kann man nicht in einem Seminar lernen. Man lernt sie nur in der „Schule des Lebens", in der jeder zu jedem Zeitpunkt genau den Lehrer und die Lektion bekommt, die er braucht, um den nächsten Schritt zu tun.

Als Säugling sind wir sehr bewusst und intuitiv. Von Geburt an spüren wir das Leid und die emotionelle Bedürftigkeit unserer Eltern. Wir beginnen, angepasstes Verhalten zu entwickeln, ihnen gefallen und ihre Bedürfnisse erfüllen zu wollen, damit sie weiterhin für uns sorgen.

Später laufen unsere Beziehungen nach demselben Schema ab. Wir haben eine Art telepathische Übereinkunft mit unserem Partner: Ich versuche, so zu sein, wie du mich haben willst, und das zu tun, was du von mir verlangst, wenn du für mich da bist, mir das gibst, was ich brauche, und mich nicht verlässt.

Aber dieses System funktioniert nicht richtig. Andere Menschen sind nur selten dazu in der Lage, ständig unsere Bedürfnisse zu erfüllen. Deshalb sind wir frustriert und versuchen entweder, den anderen so zu ändern, dass er unseren Erwartungen besser entspricht (was nie klappt!), oder wir schrauben zurück und geben uns mit weniger zufrieden, als wir in Wirklichkeit wollen. Darüber hinaus tun wir fast immer Dinge, die wir gar nicht wollen, wenn wir versuchen, die Erwartungen anderer zu erfüllen. Das endet schließlich damit, dass wir sie bewusst oder unbewusst ablehnen.

Die meisten Menschen glauben, dass Opfer und Kompromisse für die Erhaltung einer Beziehung notwendig sind. Dies entspringt einem Missverständnis der wahren Natur des Kosmos. Wir fürchten, dass nicht genug Liebe für uns da ist und die Wahrheit immer wehtut. Tatsächlich aber ist das Universum immer voller Liebe, und die Wahrheit ist immer positiv, wenn wir sie erkennen können. Unsere begrenzte Wahrnehmung und unsere Ängste sind schuld daran, dass sie uns negativ erscheint.

Schließlich sollten wir auch nicht vergessen, dass wir uns in einer ständigen Beziehung mit uns selbst befinden.

Es ist schon oft gesagt worden, dass wir die Welt nicht lieben können, wenn wir nicht zuerst uns selbst lieben. Aber wie können wir uns selbst lieben? Ist diese Liebe bedingungslos oder ist sie an Bedingungen geknüpft?

Und dann, wenn wir uns ein wenig besser verstehen, taucht vielleicht eine andere Frage auf: Was ist dieses Selbst, das wir lieben?

Meine wahre Beziehung ist die Beziehung zu mir selbst – alles andere ist nur ein Spiegel dafür. So wie ich lerne, mich selbst zu lieben, erhalte ich automatisch die Liebe und Anerkennung von anderen, nach der ich mich sehne. Wenn ich auf mich und meine Wahrheit vertraue, ziehe ich andere Menschen an, die dasselbe Vertrauen haben. Meine Bereitschaft, mich tief auf meine eigenen Gefühle einzulassen, schafft die Bedingung für die Intimität mit anderen. Wenn ich mich in Gesellschaft mit mir selbst wohl fühle, kann ich mit jedem anderen Spaß haben, mit dem ich gerade zusammen bin.

Wenn man eine liebevolle Beziehung zu sich selbst aufbauen will, ist es daher sehr wichtig, seine Bedürfnisse anzuerkennen und zu lernen, sie auszusprechen. Oft haben wir davor Angst, weil wir nicht „bedürftig" erscheinen wollen. Jedoch sind es gerade die versteckten Bedürfnisse, die uns den Anschein der Bedürftigkeit geben. Wenn sie nicht offen zum Ausdruck gebracht werden, übermitteln wir unsere Wünsche indirekt oder telepathisch. Unsere Mitmenschen spüren das und wenden sich von uns ab, weil sie intuitiv wissen, dass sie uns nicht helfen können, solange wir noch nicht einmal unser Bedürfnis nach Hilfe akzeptieren!

Paradoxerweise werden wir in Wirklichkeit immer stärker, wenn wir unsere Bedürfnisse anerkennen und offen um Hilfe bitten. Es ist unser männliches Inneres, das unser weibliches Inneres unterstützt. Unseren Mitmenschen fällt es dann leicht, uns etwas zu geben, und wir fühlen uns immer mehr als ein Ganzes.

Dennoch brauchen wir früher oder später einen Spiegel von außen. Wir müssen unsere Beziehung zu uns selbst in der physischen Welt durch das Zusammenwirken mit anderen Menschen aufbauen und festigen.

Die Sage vom Narziss, der auf tragische Weise ums Leben kam, glaubt jeder zu kennen. Sie lautet etwa so: Narkissos, ein schöner Jüngling, war von seinem Äußeren so angetan, dass er ständig über einem Weiher hockte und sich im Spiegel des Wassers betrachtete. Seine Gestalt war zart, sein Gesicht ohne Flaum, sein Haar lang, seine Haut pfirsichfarben wie die einer Jungfrau.

Eines Tages verliebte sich die Nymphe Echo in ihn. Er aber missachtete sie schnöde. Doch die Götter bestraften seinen Hochmut. Während die arme Echo dahinschwand, bis nur noch ein Hauch ihrer Stimme übrig blieb, verliebte sich Narkissos so heftig in sein Spiegelbild, dass er, von unstillbarer Leidenschaft verzehrt, ebenfalls dahinsiechte. Entweder beging er Selbstmord, oder der erzürnte Vater der entschwundenen Echo brachte ihn um.

Dem Blut seines Körpers entsprangen die lieblichen Narzissen. Seitdem heißt jeder selbstverliebte, introvertierte und partnerschaftsunfähige Mensch Narziss.

Das ist die Fassung, die jeder kennt. Doch es gibt eine ganz andere Version, die wieder entdeckt und in ihrer Bedeutung gewürdigt werden soll. Danach hatte Narziss eine Zwillingsschwester, die ihm sehr ähnlich sah und die er sehr liebte. In jungen Jahren verunglückte sie tödlich, und ihr verzweifelter Bruder sah deswegen oft in einen Spiegel, um ihr Bild zu erhaschen. Was er im Wasser sah, war sie!

So klingt der Mythos ganz anders. Übertragen wir ihn auf unsere Zeit, dann ist ein Narziss ein Mensch, der sich nach einem Geschwister sehnt, das er vielleicht verloren hat oder das als Mythos in seiner Seele lebt, nach einem Sternenbruder oder einer Sternenschwester. Das ist ein Mensch, der ihm sehr ähnlich ist, aber doch ein Mensch außerhalb seiner selbst, ein Wesen aus Fleisch und Blut, das man anfassen und lieben kann.

Je positiver Ihr Selbstbild ist, desto liebenswerter sind Sie für andere. Sie beanspruchen weniger, weil Sie nicht so bedürftig sind. Je wohler Sie sich mit sich selbst fühlen, desto leichter werden Ihnen die Zauberformeln der Verhandlung über die Lippen kommen: „Tut mir Leid." – „Entschuldige bitte!" – „Ich hatte Unrecht."

11

Die Liebeswerbung

Wenn wir die Geschichte der Menschheit anschauen, erkennen wir, dass nur zwei Dinge die Menschen wirklich bewegen:

Geld und Sex.

Wenn es um Frauen geht, schaltet sich anscheinend die männliche Intelligenz automatisch ab, und da Männer dann besser sehen können als denken, suchen sie sich die schönste Frau, als ob das ein brauchbarer Maßstab wäre für eine glückliche Partnerschaft. Alle Untaten, aber auch alle Großtaten der Menschheit kommen aus dem Bedürfnis, den Frauen zu imponieren, sie zu erobern und zu behalten. Ohne diesen Zwang säßen wir wohl alle noch auf den Bäumen oder lebten in Höhlen. Wir hätten uns vieles erspart, aber das Leben wäre uns schnell langweilig.

Dichter und Musiker haben uns ein romantisches, aber falsches Bild der Liebe vermittelt, das mit der Wirklichkeit des Lebens nicht übereinstimmt. Aber auch von der eigentlichen Sexualität haben die meisten keine Ahnung. Männer, die dreimal oder öfter hintereinander „können", halten sich für großartige Liebhaber, obwohl sie nur ausdauernd Turnübungen machen. Im Film endet eine Liebe fast immer mit dem Happy-End, aber die Wirklichkeit sieht anders aus, da endet die große Liebe in der Mühle des Alltags. Das größte Problem aber ist, dass das, was sich Frauen von der Liebe wünschen, sich deutlich von dem unterscheidet, was sich Männer wünschen. Und weil Männer nun mal nicht perfekt sind, macht die Frau Kompromisse, ist darüber unglücklich und macht ihm dafür ein Leben lang insgeheim oder offen Vorwürfe.

Männer sind dabei unrealistischer als Frauen, und fast nie stimmen ihre Ansprüche mit ihren Möglichkeiten überein. Nur wenige suchen eine Frau, die man nicht nur lieben, sondern mit der man auch leben kann. Auch sind unverhältnismäßig viele Männer mit ihrem Äußeren recht zufrieden, obwohl viele dazu keinen Grund hätten. Umgekehrt sind die meisten Frauen mit ihrem Äußeren nicht zufrieden, obwohl viele dazu keinen Grund hätten.

Hat ein Mann eine begehrenswerte Frau gefunden, fängt er an um sie zu werben, nicht wissend, dass sie bereits nach wenigen Sekunden ihre Entscheidung getroffen hat, ihm eine Chance zu geben oder eben nicht. Sein ganzes Bemühen ist eigentlich vergeblich. Zumal sie das Spiel vielleicht eine Weile mitspielt, auch wenn er keine Chance hat, um seine Bemühungen zu genießen, aber kaum etwas kann ihre getroffene Entscheidung verändern.

Männer, auch die intelligentesten, wollen um ihrer selbst willen geliebt werden, und so sind Frauen von Anfang an gezwungen zu lügen. Deshalb ist eine Frau eigentlich unentwegt auf der Suche nach dem Besten, auch wenn sie inzwischen mit dem Drittbesten zusammen ist. Frauen erobern, indem sie sich erobern lassen, und wenn sie lieben, dann ununterbrochen – ein Mann hat zwischendurch zu tun. Bei ihren Eroberungsversuchen kann eine Frau auch kaum etwas falsch machen – sie verlässt sich auf ihren Instinkt sowie die Blindheit und Eitelkeit der Männer. Und unter normalen Umständen bekommt eine Frau auch den Mann, den sie sich ausgesucht hat. Ihr größtes Geheimnis ist dabei, ihm das zu geben, was er woanders nicht bekommt. Das betrifft nicht die Sexualität, denn die bekommt er auch woanders. Nein, sie sagt ihm, dass sie ihn schön findet, dass sie an ihn glaubt, mit einem Wort, dass er der Größte ist. Und da er das insgeheim ohnehin von sich denkt, ist er sicher, dass er von ihr wirklich erkannt wurde, auch wenn das sonst keiner merkt. Und damit hängt er an ihr, denn das Gefühl gibt ihm sonst keiner – höchstens eine andere Frau.

Ein Mann braucht eine Frau, wie er ein Auto braucht, ein Dach über dem Kopf und seine regelmäßigen Mahlzeiten. Und so behandelt er sie auch nach einiger Zeit oft wie etwas Alltägliches. Die Liebe kennen Männer nur aus dem Fernsehen und aus Illustrierten. Auch ein Mann bekommt, was er will, vorausgesetzt, dass er es sich leisten kann. Ist er alt und hässlich, dann wird es teuer, aber er kann es haben. Und jeder bezahlt dabei mit dem, was er hat. Der eine mit Geld, der andere mit Jugend und Schönheit. Kein Wunder, dass die Liebe da auf der Strecke bleibt. In Wirklichkeit aber sind Menschen wie Musikinstrumente, es kommt darauf an, wer sie berührt. Und es gibt ein unfehlbares Rezept für die Liebe: Entfache die Liebe in deinem Herzen und entfache damit das Herz des anderen. Und noch etwas ist hilfreich: Geben Sie sich so, wie Sie sind, seien Sie echt, ehrlich und authentisch.

12

Flirtversuche, die sich lohnen

Den Partner fürs Leben kann man ganz zufällig treffen, besser aber ist, man bereitet sich darauf vor. Machen Sie sich anziehend genug, um Interesse zu wecken, und lassen Sie den anderen bei Ihnen mehr finden, als er erwartet hat. Und strahlen Sie Sicherheit aus, denn das schätzt der andere immer.

Das Grundrezept des Flirtens ist einfach: anschauen, lächeln, draufzugehen und ansprechen. Alles andere sind nur Variationen. Flirten ist eine besondere Form der Kommunikation und sollte eigentlich in der Schule gelehrt werden. Für Frauen ist die Reihenfolge: hingucken, weggucken und wieder lächelnd hingucken. Das ist schon alles. Alles Weitere kann sie dann schon ihm überlassen. Beide fühlen sich durch einen Partner angezogen, der höflich, freundlich, rücksichtsvoll und fürsorglich, aber auch verantwortungsbereit ist und auf den anderen eingeht.

Die meisten dieser Beziehungen enden allerdings innerhalb der ersten drei Monate, sobald man sich näher kennt und feststellt, dass die geschätzten Eigenschaften nicht oder nicht immer vorhanden sind. Mit einem Wort, wenn ich dem anderen ein falsches Bild von mir vermittelt habe.

Wohin sollte ich gehen, wenn ich jemanden kennen lernen möchte? Nun, vor allem in sich! Entscheidend für den Erfolg ist nicht, wohin Sie gehen, sondern vielmehr, als wer Sie dahin gehen. Gehen Sie wohin, wo andere Gelegenheit haben, mit Ihnen wiederholt in Kontakt zu kommen. Also im Sportverein, im Tennisclub, vor allem aber am Arbeitsplatz. In der Disco finden Sie vielleicht ein Abenteuer. Den Partner fürs Leben suchen Sie besser woanders, z.B. im Freundeskreis, in Seminaren, beim Hobby, aber auch beim Tanz.

Machen Sie sich auch einmal Ihren Typ bewusst. Suchen Sie die zierliche und scheinbar hilflose Kindfrau, die Selbstbewusste oder die weiche Mütterliche, die Zurückhaltende, die aktive Sportliche, die Partnerin zum Pferdestehlen oder das Hausmütterchen?

Frauen sind bei der Partnerwahl viel realistischer als Männer, oder ist Ihnen schon einmal eine Frau begegnet, die bereit war, einen mittellosen Mann mit drei Kindern zu heiraten und alle vier in Zukunft finanziell zu versorgen, nur weil sie gern mit ihm ins Bett wollte?

Helfen Sie dem anderen, ein positives Selbstbild zu erzeugen, und Sie erhalten dafür seine Liebe. Sagen Sie Ihren Mitmenschen öfter etwas ganz Besonderes. Sagen Sie etwas Nettes. Geben Sie Ihrem Wunschpartner das ehrliche Gefühl, etwas Besonderes zu sein. Das dürfte Ihnen nicht besonders schwer fallen, denn schließlich haben Sie ihn ja aus der Masse ausgewählt. Zeigen Sie ihm, dass Sie ihn schätzen. Lassen Sie Ihren Wunschpartner wissen, dass er bedeutend für Sie ist.

Komplimente öffnen Herzen

Sie müssen einfach so tun, als ob Sie gerade den wichtigsten und liebenswertesten Menschen auf der ganzen Welt begrüßen. Seien Sie überrascht und voll innerer

Freude und Begeisterung. Ihre Augen fangen dabei an aufzuleuchten, sie funkeln so, als wären es Diamanten. Sie können mit den Augen lächeln.

Die Liebe liebt Überraschungen

Wenn Sie diese Regel anwenden, wird man Ihre Gegenwart mehr schätzen, da Sie weniger zur Verfügung stehen. Das macht Sie interessanter und begehrenswerter. Man soll gehen, wenn es am schönsten ist, besagt eine alte Redensart, die ihre Wirkung für uns Gewinn bringend entfaltet. Ich werde die Funktionsweise dieser Taktik noch näher beschreiben. Sie sind derjenige, der den Kontakt zu dem anderen herstellt, derjenige, der die Initiative ergreift. Sie sind aber auch derjenige, der die Verabredung abbricht. Wenn Sie nicht wissen, was Sie sagen sollen, dann sagen Sie einfach, es ist für Sie an der Zeit zu gehen. Das dürfte fürs Erste ausreichen. Machen Sie nicht den Fehler, nach Entschuldigungen zu suchen, die würden nur alles zerstören, was Sie sich mühsam aufgebaut haben. Dieses ist eine Strategie, die sich in der Praxis hervorragend bewährt hat. Sie ist ein geeignetes Werkzeug, um Interesse bei schwer zu erobernden Partnern zu erzeugen.

Es ist komisch, aber genau dies ist der Grund, warum es immer wieder zu Liebschaften zwischen Kollegen und Kolleginnen kommt. Allein die Tatsache, viele Wochen und Monate mit jemandem das Büro zu teilen, schafft so etwas wie eine Büroehe. Ein Gefühl der Zugehörigkeit entsteht, eine emotionale Abhängigkeit. Man weiß, egal was passiert, der andere ist da.

Aktives Zuhören ist die Fähigkeit, die gesamte Beobachtungsgabe auf eine Person zu richten, insbesondere auf den auditiven Bereich, um diesen dann „passiv“ zu reflektieren.

Reden ist Silber, Zuhören ist Gold

1. Zuhören: Nehmen Sie sich ausreichend Zeit, um dem anderen zuzuhören. Unterbrechen Sie den anderen nicht und lassen Sie ihn ausreden. Je länger Ihr Gegenüber redet, desto besser.
2. Augenkontakt: Die Augen sind das Tor zur Seele. Wer sie richtig beobachtet, kann die wirkliche Bedeutung der Worte leichter einordnen. Außerdem senden wir durch Augenkontakt Sympathie aus. Wenn jemand keine Augen für Sie hat, fühlen Sie sich ablehnend behandelt. Also vernachlässigen Sie Ihren Gesprächspartner nicht. Die Augen sind der Liebe Pforten.
3. Haltung: Nehmen Sie die richtige Körperhaltung ein. Sie steht in Wechselwirkung mit der Geisteshaltung. Eine offene Körperhaltung ist zu bevorzugen. Benutzen Sie eine großzügige Gestik, die sich vom Körper weg bewegt. Signalisieren Sie zum Beispiel durch Kopfnicken Ihre Zustimmung.

Tadeln erniedrigt, Loben erhöht

Jeder Mensch trägt das Bedürfnis nach Wertschätzung in sich. Auch Gaby tut das. Denn Gaby möchte nicht von Marcus wegen ihrer schlechten Eigenschaften akzeptiert werden. Nein, sie möchte wegen ihrer guten Eigenschaften geliebt werden. Sie hat wie alle anderen das Verlangen, etwas Bedeutendes zu sein. Sie möchte einen Wert darstellen, der erkannt, bewundert und akzeptiert wird. Gaby erwartet insgeheim von Marcus, dass dieser auf ihre guten Seiten stößt und ihr das in irgendeiner Form mitteilt.

Dies ist ein Bedürfnis, das überwiegend nur von außen befriedigt werden kann. Wir können uns natürlich auch selbst loben, aber das ist so, als hätten wir uns selbst beim Schach besiegt. Ohne Lob vertrocknet Ihr Wunschpartner wie eine Zimmerpflanze ohne Wasser. Bringen Sie mit Lob Ihre Beziehung zum Blühen.

Jeder Mensch braucht Anerkennung, Aufmerksamkeit und Liebe. Je mehr Sie anderen davon zuteil werden lassen, desto mehr wird auch zurückgegeben. „Man kann nicht nichtkommunizieren." Es bedeutet, dass wir ständig Signale aussenden, die eine Bedeutung, eine Botschaft übermitteln.

13

Eine ideale Partnerschaft

Eine glückliche Beziehung kann nur aus zwei glücklichen Menschen entstehen. Die Suche nach dem Ideal in der Partnerschaft fängt nicht wie vermutet bei der Genialität unseres Partners an, sondern bei der Vervollkommnung von uns selbst. Die Liebe ist kein Zufallsprodukt. Die Liebe ist das, was wir daraus machen. Liebe ist die höchste Kraft im Universum. Nur wer liebt, kann diese Kraft bewegen.

Wahrer Liebe kann ich erst begegnen, wenn ich diese Liebe in mir gefunden habe. Dies ist das Gesetz der Resonanz. Darum kann ich auch erst meinem idealen Partner begegnen, wenn ich selbst zum idealen Partner geworden bin.

Eine glückliche Beziehung entsteht immer aus Menschen, die auch alleine glücklich sein können. Angst zerstört die Liebe, und Liebe macht erst Liebe möglich.

Wenn Sie also derjenige sind, der die geheimen Wünsche der anderen erfüllt, dann sind Sie für die anderen liebenswert und wichtig. Verbunden mit der richtigen Strategie können Sie so jeden gewünschten Partner erobern.

„Liebe ist das Einzige, was wächst, wenn wir es verschwenden", sagt Ricarda Huch. Gerade in einer seelisch geschwächten Position sind Menschen besonders liebebedürftig. Verschwenden Sie also Liebe, Verständnis, Geborgenheit und Zuversicht.

Behandeln Sie jeden Menschen so, als ob es gerade der wichtigste Mensch auf der Welt ist. Begegnen Sie anderen voller Vertrauen und Begeisterung.

Je größer der Nutzen für andere, desto größer ist der Erfolg für Sie. Die Welt wird von Gefühlen regiert und nicht von Logik und Verstand. Der Kopf ist jener Teil unseres Körpers, der uns am häufigsten im Wege steht.

Die Stadien der Liebeswerbung

Stadium 1. Die Wahl: Sie suchen oder finden einen Partner, der Sie anzieht und der Sie offensichtlich ebenfalls mag. Dann beginnt:

Stadium 2. Die Verführung: Die schwierige Zeit der ersten Verabredungen, in der es darum geht, Übereinstimmungen zu finden, die Initiative zu ergreifen oder darauf einzugehen.

Stadium 3. Die Entscheidung: Diese Phase ist die Zeit der Entscheidung. Oft zieht sich der eine gerade dann zurück, wenn der andere sich für ihn entschieden hat – wenn er bereit ist, sich ihm zuzuwenden. Ist das überstanden, beginnt:

Stadium 4. Die Beziehung: Nun kommt es zu einer festen Beziehung, zu gemeinsamen Ansichten und Absichten, zu einer mehr oder weniger festen Bindung. Man verabredet sich nicht mehr, man ist zusammen und passt sich an. Und das ist dann auch schon der Anfang der Schwierigkeiten. Man findet einen gemeinsamen Rhythmus, eine gemeinsame Basis, um irgendwann zu merken, dass es nicht der eigene Rhythmus, die eigene Basis ist. Nun sucht man nach Wegen für eine Gemeinsamkeit. Die Phase der Verhandlung beginnt, und meist setzt sich einer durch, und damit endet die Liebe, bevor sie eine Chance hatte zu beginnen. Irgendwann entscheiden sie sich zu heiraten. Sie vielleicht, weil die Zeit drängt und kein Besserer in Sicht ist. Er, weil sie seine Phantasie derzeit am meisten beflügelt und er sie ganz für sich haben möchte. Wenn sich die beiden am Ziel glauben, geht es eigentlich erst richtig los, denn nun stellt sich die Frage, wollen sie nur heiraten oder wollen sie auch verheiratet sein.

Nicht alle Paare durchlaufen die Stadien der Liebeswerbung in dieser Reihenfolge. Manche bleiben sehr lange auf einer Stufe stehen oder gehen wieder einen Schritt zurück. Die Beziehung kommt ins Stocken, oder es kommt zur Trennung. Vielleicht aber auch zu einem Ultimatum. Entweder wir heiraten, oder es ist aus. Vielleicht will er gar nicht Schluss machen, sondern hat nur Angst vor den Konsequenzen. Vielleicht hat sie nur einen Fehler entdeckt, den sie so nicht akzeptieren kann, der Rest gefällt ihr aber recht gut. Und die Stadien sind unterschiedlich lang.

Die durchschnittliche Liebeswerbung zeigt ein typisches Muster hinsichtlich der Zeit, die für die einzelnen Stadien in Anspruch genommen werden. Doch lassen Sie mich noch einmal betonen, dass die individuellen Schwankungen sehr groß sind. Ein Paar hält sich sechs Monate mit einer unentschlossenen und ungewissen Verführung auf. Ein anderes gelangt sofort auf ein kurzlebiges, aber harmonisches Plateau. Die folgende zeitliche Aufgliederung gibt das typische Muster wieder, doch Sie und Ihr Partner müssen keineswegs typisch sein.

Wahl: Kann unmittelbar stattfinden, etwa wenn Sie sich in einer Bar oder auf einer Party begegnen, es zwischen Ihnen funkt und Sie beschließen, sich zu verabreden. Die Wahl kann sich aber auch hinziehen, wenn Sie beispielsweise über Monate mit einer Kollegin/einem Kollegen zusammentreffen, bevor es zur ersten Verabredung kommt.

Herausforderung: Dauert zwischen vier Wochen und sechs Monaten und gliedert sich in zwei Phasen:

1. Verführung: Der Entscheidung, ob es eine freundschaftliche oder eine Liebesbeziehung sein soll, gehen gewöhnlich vier bis fünf Verabredungen voraus. Einige benötigen dazu erheblich mehr Zeit, bei anderen ist es am Abend der Wahl klar. Die gesamte Verführungsphase, in der der Herausfordernde sich das Interesse des anderen zu sichern sucht, dauert zwischen einem und drei Monaten.

2. Umschwung: Kommt im Allgemeinen nach dem dritten Monat der Liebeswerbung. Seine Lösung kann einen oder zwei Monate in Anspruch nehmen, aber auch problemloser und in kürzerer Zeit vonstatten gehen. Für einige Paare wird die Phasenfolge Verführung/Umschwung zu einer Drehtür, aus der sie nicht mehr herauskommen. Dann kann sich die Herausforderung endlos fortsetzen.

Die Beziehung: Beginnt mit dem Plateau nach drei bis sechs Monaten Liebeswerbung. Sie besteht aus drei Phasen:

1. Plateau: Die schöne Zeit körperlichen und seelischen Einklangs. Sie kommen sich näher, sind verliebt, träumen von der Zukunft. Diese Phase dauert etwa drei Monate

bis ein Jahr, und deren Dauer hängt im Einzelfall wesentlich von der Bereitschaft ab, der Zeit, die Sie zusammen verbringen, und dem sozialen Druck, dem Sie ausgesetzt sind.

2. Verhandlung: Setzt irgendwann zwischen sechs Monaten und einem Jahr nach Beginn der Liebeswerbung ein. Die Verhandlungen über allgemeine Unterschiede konzentrieren sich schließlich auf eine Hauptfrage: die Heirat. An diesem Punkt erfolgt der Übergang zur Bindung.

3. Bindung: Führt Sie in das zweite Jahr Ihrer Liebeswerbung hinein. Je nach Bereitschaft wird im Allgemeinen einer der beiden Partner die Heirat erwägen oder darauf drängen. Dieses Drängen kann auch sehr viel früher beginnen, wenn das Paar durch die Anfangsphasen geflitzt und sehr rasch im Beziehungsstadium angelangt ist. Zu erheblichen Verzögerungen kann es kommen, wenn Ihrem Leben durch äußere Umstände ein ganz anderer Zeitplan aufgezwungen wird.

Wie viel Zeit jemand aufwendet, um den Partner zur Heirat zu drängen, bevor er aufgibt, ist sehr unterschiedlich. Manche Paare bleiben jahrelang vor diesem Schritt stehen. Sie leben zusammen, obwohl einer von beiden heiraten möchte.

14

Warum versteht mich keiner?

Wenn ein Mensch einem anderen etwas mitteilen möchte, dann spricht er mit ihm. Auf den ersten Blick eine ganz einfache Sache, und doch versteht uns der andere oft nicht, oder er versteht etwas ganz anderes als das, was der eine gemeint hat, obwohl der sich doch, wie er meint, ganz klar und unmissverständlich ausgedrückt hat.

Das mag zum Teil daran liegen, dass fast alle unsere Äußerungen verbal unvollständig sind. Dazu kommt, dass wir Worte gar nicht verstehen können, sondern nur Bilder. Nun hat zwar jeder Mensch zu jedem Wort, das er kennt, auch ein Bild, nur eben jeder ein anderes. Zudem ist das Gesprochene nicht immer auch das Gemeinte. Manches hat scheinbar eine ganz klare Aussage, aber ein bestimmter Tonfall zeigt an, dass wir es ironisch meinen und eigentlich das Gegenteil damit sagen wollen. Manchmal ist es auch nur ein Lächeln oder eine bestimmte Geste, die das anzeigt.

Doch selbst wenn wir meinen, was wir sagen und die Aussage ganz klar erscheint, so kommt es doch oft auf die Standpunkte des Redners und des Zuhörers an. Ob ein Auto vor oder hinter einer Mauer steht, kann nur vom Standpunkt aus geklärt werden. Auch der Satz „Der Ball liegt hinter dem Auto“ ist mehrdeutig.

Doch selbst wenn das alles ganz klar ist, muss unser Gehirn beim scheinbar mühelosen Plaudern Höchstleistungen vollbringen. Wir äußern etwa zwei bis drei Wörter pro Sekunde, das sind etwa 15 Laute, die aus zehntausend möglichen Worten ausgewählt, in grammatikalisch richtige Form gebracht und deutlich ausgesprochen werden wollen. Dazu müssen wir Dutzende von Muskeln auf die Millisekunde genau steuern. Doch auch das Zuhören ist anstrengend, weil jeder Laut identifiziert werden muss.

Wir verstehen den Satz, weil wir die Wörter verstehen, und oft verstehen wir die Wörter nur, weil wir den Satz verstanden haben, und den Satz, weil wir die Situation verstehen. Sogar wenn die Aussage falsch ist, verstehen wir sie richtig, wie z. B. wenn jemand sagt „Da sitzt eine Fliege auf dem Kuchen“, denn eine Fliege kann gar nicht sitzen, sie steht auf dem Kuchen.

Noch komplizierter wird die Sache, weil wir fast für jeden Menschen einen eigenen Sprechstil haben, der sich außerdem noch mit der jeweiligen Situation ändert. Zum Freund sprechen wir anders als zum Chef, zum Partner anders als zu unserem Kind. Doch selbst wenn wir eine klare Vorstellung haben von dem, was wir sagen möchten, ist es oft unmöglich, uns genau auszudrücken. Wie soll man jemandem das Lächeln der Mona Lisa beschreiben, der das Bild nie gesehen hat? Und doch verstehen wir mitunter auch Fragen, die gar keinen Sinn haben, wie z. B. die Frage: „Na, was macht die Kunst?“ Und doch sind wir um eine Antwort nicht verlegen.

Sprechen, Zuhören und Verstehen sind also derart kompliziert, dass eigentlich keiner den anderen verstehen dürfte, und doch verstehen wir einander, auch wenn der Partner manchmal sagt: „Du verstehst mich nicht.“ Eigentlich dürfte keiner den anderen verstehen, denn niemand hat die Erfahrungen und Eindrücke, Prägungen und

Bilder des anderen. Wenn wir uns offensichtlich trotzdem verstehen, muss es noch einen anderen Kommunikationsweg geben, der die Mängel der Sprache ausgleicht und gleichzeitig ständig stattfindet. Eine Kommunikationsform, bei der ein Missverständnis ausgeschlossen ist und die zudem noch international ist. Eine universelle Sprache, die jeder beherrscht und jeder versteht, deren sich aber kaum einer bewusst ist.

Bei den meisten Paaren fehlt es an Kommunikation. Man sollte einen Weg finden, wirklich über alles sprechen zu können, ohne dabei komplizierte Verschlüsselungen zu verwenden. Sprechen Sie klar und deutlich Ihre Wünsche und Erwartungen aus. Machen Sie keine pauschalen Vorwürfe und versuchen Sie nicht, Konfrontationen um jeden Preis zu vermeiden. Drücken Sie sich nicht allgemein aus, sondern konkret.

Vor allem aber hören Sie zu, wenn der andere etwas sagt. Wer verstanden werden will, sollte zuerst den anderen verstehen wollen. Wenn beide nach diesem Grundsatz handeln, kommen wir leichter zu einem Verständnis füreinander. Und das ist doch die Grundlage für Liebe, die vor allem mit dem Herzen versteht!

15

Angst vor Ablehnung

Bei der Liebeswerbung ist die Möglichkeit der Ablehnung nicht zu vermeiden. Ablehnung an sich ist nicht weiter schlimm. Es sagt ja nur, dass jemand, für den Sie sich interessieren, sich nicht für Sie interessiert, und das kann Ihnen auch umgekehrt passieren. Wichtig ist, wie Sie mit der Ablehnung umgehen. Wenn z. B. eine Frau es ablehnt, sich von Ihnen zu einem Drink einladen zu lassen, oder ein Mann lässt sich Ihre Telefonnummer geben und ruft dann nicht an. Es kann sein, dass Sie daraus eine Frage der Selbstachtung machen. Durch eine kleine Änderung der Einstellung können Sie dies vermeiden, indem Sie denken: Ein Nein ist nicht das Ende, sondern der Anfang des Kontaktes, denn eine Beziehung braucht Zeit, um zu werden.

Um jemanden zu wählen oder selbst gewählt zu werden, begegnen Sie sich zunächst als Angebot. Sie müssen sich „vermarkten". Das hört sich unschön an, ist unmenschlich, aber natürlich und unvermeidlich. Sie brauchen also eine attraktive Verpackung, körperlich und geistig. Angst vor Ablehnung können Sie da nicht brauchen, denn sie macht es Ihnen unmöglich, unbefangen auf jemanden zuzugehen, der Sie fasziniert, um mit ihm oder ihr bekannt zu werden. Unter der Angst vor Ablehnung leiden nicht nur Schüchterne. Es ist immer eine Frage des Selbstwertgefühls. Wenn Sie sich selbst lieben, macht Ihnen eine Ablehnung nichts, aber auch gar nichts mehr aus. Wenn Sie abgelehnt werden, müssen Sie Ihren Weg finden, damit umzugehen. Sie können sich ins Bett flüchten, in Alkohol oder Drogen. In den Kühlschrank, ins Fernsehen oder in eine andere Liebesromanze. Ganz gleich, was Sie tun, es sollte Ihnen helfen. Wirklich helfen wird Ihnen allerdings nur, zu lernen, sich selbst zu lieben.

Um herauszufinden, wie sehr die Angst vor Ablehnung Ihre Fähigkeit zur Begegnung einschränkt, sollten Sie sich einmal folgende Fragen beantworten:

- Kann ich spontan auf einen anderen zugehen und ihn ansprechen?
- Brauche ich Alkohol oder etwas anderes, um meine Hemmungen zu verlieren?
- Bleibe ich lieber in meinem Bekanntenkreis, um neue Bekanntschaften zu vermeiden?
- Bin ich offen, einen neuen Sport oder eine andere Umgebung auszuprobieren?
- Befällt mich schon bei dem Gedanken an eine neue Liebesbeziehung lähmende Angst?
- Traue ich mir nur unter „idealen Umständen“ (z. B. entspannt aus dem Wochenende oder dem Urlaub) einen solchen Kontakt zu?
- Beschränken sich die meisten Liebesaffären auf meine Phantasie und vermeide ich die Enttäuschung in der Realität?

Sie sollten sich gleich jetzt Ihrer Angst stellen. Noch nie ist ein Mensch daran gestorben, dass ein anderer kein Interesse an ihm hatte. Vielleicht möchte der andere ja nur in dem Augenblick nicht, oder er ist selbst zu schüchtern, um gleich ja sagen zu können. Wie wollen

Sie Ihre Angst vor Ablehnung überwinden, wenn Sie ständig Kontakte vermeiden? Nehmen Sie es nicht persönlich, wenn der andere nicht kann oder nicht will. Sehr hilfreich ist, bewusst Körbe zu sammeln. Sprechen Sie andere an, in der Absicht, einen Korb zu bekommen. Sie werden überrascht sein, wie oft Sie dabei eine Zusage erhalten. Sie werden überrascht sein, dass Sie nicht einmal dort abgelehnt werden, wo Sie es mit Sicherheit erwarten.

Das heißt, dass Liebe dazu neigt, Liebe zu entfachen, und daher sagt man, einen Menschen zu lieben bedeute, ihn mit Gewissheit zu einem besseren Menschen zu machen, als er es sonst wäre.

Seit sie einander auf jener unvergesslichen Party vor drei Monaten vorgestellt wurden, haben sie jedes Wochenende und den größten Teil der Woche gemeinsam verbracht. Sie fühlen sich, als sei die Geschichte der Liebe auf den ersten Blick ihre Erfindung. Bei ihr treffen Suchmeldungen ihrer Freunde und Bekannten ein, und er hat sich noch nicht einmal die Mühe gemacht, die Frauen, mit denen er früher zusammen war, anzurufen und ihnen die große Veränderung mitzuteilen. Sie existieren für ihn einfach nicht mehr. Keine Frage – diesmal hat's gefunkt!

Eines Sonntagnachmittags stört sie ihn beim Fernsehen – er verfolgt gerade mit Spannung ein Endspiel – und erzählt ihm von verwirrenden Empfindungen, die sie in der Nacht zuvor bedrängt haben. Eigentlich hat er keine Lust, ihr zuzuhören, aber seine Gereiztheit legt sich rasch wieder.

Zwei Abende später gehen sie zum ersten Mal, seit sie sich kennen – zusammen ins Bett, ohne miteinander zu schlafen. Am Morgen macht sie einen Scherz darüber. Eine Woche darauf sagt er ihr, er habe sich für den Freitag etwas vorgenommen – ohne sie. Sie lässt sich nichts anmerken, doch steigt eine undefinierbare Angst in ihr hoch. Ihm geht es ähnlich: Ein verschwommenes Gefühl von Beengtsein beunruhigt ihn, mit dem er sich lieber nicht weiter befassen will. Sie spürt, dass er sich zurückzieht, ohne dass er etwas tut, was sie ihm wirklich zum Vorwurf machen kann. Sie versucht, darüber zu sprechen. „Was ist los?“ – „Nichts“, entgegnet er. Sie fällt in einen Abgrund der Verunsicherung und begehrt nach dem einzigen Mittel, das ihr helfen könnte: Beteuerungen seiner Liebe. Je dringender sie danach verlangt, desto mehr fühlt er sich unter Druck gesetzt. Sie beharrt, er sträubt sich.

16

Wann kommt der Traumpartner?

Er ist Herr Liebmann. Sie hat zwar auf Herrn Zaubermann gehofft, aber der hat sich leider noch nicht gezeigt, und Herr Liebmann ist immer noch besser als Alleinsein und Einsamkeit. So verbringt sie einen Großteil ihrer Zeit mit ihm, dafür repariert er ihr Auto, umsorgt sie, wenn sie Grippe hat, und versteht sich glänzend mit ihren Kindern. Sie ist von Anfang an ehrlich zu ihm gewesen, hat ihn über ihre Gefühle nicht im Unklaren gelassen, hat ihm erklärt, dass sie die Freiheit brauche, andere Männer kennen zu lernen, neue Beziehungen zu erproben. Er sagt, sie solle sich ruhig die Zeit und Freiheit nehmen, die sie brauche. Währenddessen geht er mit ihrem Sohn ins Eishockeystadion und mit ihrer Tochter zum Kieferorthopäden.

Sie hat hin und wieder eine Verabredung, doch keiner der Männer bedeutet ihr viel oder käme gar für den Platz infrage, den er jetzt in ihrem Leben einnimmt. Er ist zur festen Größe bei Familienfeiern geworden, zur Vaterfigur für die Kinder und für sie zu einem Freund. Das alles hat sich nach und nach ergeben. Das Einzige, was sich nicht ergeben hat: Sie vermag ihn nicht zu lieben, nicht wirklich zu lieben.

Er fing an, Ansprüche zu stellen, ärgerlich zu werden, wenn sie ihm von einer Verabredung erzählt, gibt sich nicht mehr mit lapidaren Andeutungen ihrer „Vorhaben“

zufrieden, wenn sie keine Zeit für ihn hat. Er hat Wurzeln geschlagen in ihrem Leben, tiefer, als sie es ursprünglich hatte zulassen wollen. Soll sie sich mit diesem Arrangement zufrieden geben oder eine Trennung anstreben? Dann wäre sie zwar allein, aber frei für die Begegnung mit Herrn Zaubermann, der ja wohl eines Tages auftauchen wird. Das eine gefällt ihr so wenig wie das andere. Deshalb beschließt sie, vorläufig gar nichts zu tun.

Diese Geschichten haben einiges gemeinsam. Jede zeigt eine typische Sackgasse der Liebeswerbung, jede bedeutet jeweils für die beiden Beteiligten Schmerz, und der wiederum wirkt sich in allen Fällen gleich aus: Er beeinträchtigt klares Denken und verstellt den Blick auf das Gesamtbild. Ich will in diesem Kapitel das Gesamtbild der Liebeswerbung in seinen Grundzügen darstellen.

Wer diesen Blick für das Gesamtbild hat, der weiß, dass eine Beziehung zwischen zwei Menschen nicht wie ein Blitz vom Himmel fährt, sondern sich in einem Prozess entfaltet, einem Prozess voller Romantik, Erschütterungen und Wunder, der keineswegs so zufällig verläuft, wie es scheinen mag. Betrachten wir ihn genauer.

Ganz gleich, wer die beiden sind, die sich da begegnen oder miteinander flirten; ganz gleich, wie passiv oder aktiv sie ihre Rolle spielen – fünf Ereignisse müssen der Reihe nach stattfinden, will man die Wahl erfolgreich abschließen. Diese Ereignisse hat der Anthropologe Timothy Perper beobachtet und in seinem Buch „Sex Signals: The Biology of Love“ beschrieben. Danach ergibt sich folgendes Schema:

Annäherung: Eine Person muss auf einen potenziellen Partner zugehen.

Wendung: Der potentielle Partner wendet sich der Person, die sich ihm genähert hat, leicht zu, reagiert mit einem Blick.

Gespräch: Auf die Wendung hin beginnen die beiden eine Unterhaltung. Während sie sprechen, setzen sie – vorausgesetzt, die Wahl wird weiterverfolgt – die Wendung fort, bis sie sich ganz ins Auge sehen.

Berührung: Während der Wendung und des Gesprächs kommt es zu ersten Berührungen. Gewöhnlich sind das leichte, flüchtige Gesten – sie berührt seine Hand, anscheinend, um einer Bemerkung Nachdruck zu verleihen; er tätschelt zustimmend ihre Schulter.

Über eine gewisse Zeit und bei Erfolg versprechendem Fortgang der Wahl verfolgen die beiden ihr Gespräch weiter, wenden sich einander verstärkt zu, berühren sich häufiger und verlängern die Blickkontakte. Währenddessen beginnt ein abschließender, ziemlich verblüffender Prozess.

Synchronismus: Die beiden beginnen, sich in ihren Bewegungen spiegelbildlich zu verhalten. Beispielsweise zünden sie sich beide eine Zigarette an, inhalieren, legen sie in den Aschenbecher, beugen sich vor, nippen am Getränk, lehnen sich zurück – alles simultan. Diese ziemlich spontane Übereinstimmung ist nach Perper der beste Hinweis darauf, dass beide aneinander interessiert sind. Sie haben sich für den beschriebenen Zeitraum eine kleine private Welt geschaffen.

Die vollständige Sequenz – Annäherung, Wendung, Gespräch, Berührung, Synchronismus – kann zwischen ein paar Minuten und etlichen Stunden dauern. Natürlich führt nicht jede Annäherung zu einer erfolgreich abgeschlossenen Sequenz. Das wissen Sie selbst nur zu gut.

Jedes Moment der Wahlsequenz, bei dem einer der Beteiligten die Initiative ergreift, um sein Engagement auszuweiten, wird als Verstärker bezeichnet. Wenn er sie berührt – wie leichthin auch immer –, hat er damit die Situation auf bestimmte Weise verstärkt; indem sie sich ihm auf dem Barhocker ein bisschen mehr zuwendet, verstärkt sie sie wiederum. Ob eine solche Begegnung erfolgreich verläuft, hängt ganz und gar davon ab, wie die Beteiligten auf die jeweilige Verstärkung reagieren. Sollte er sie berühren und sie darauf positiv reagieren, etwa indem sie sich ihm ein Stück weiter zuwendet oder ihn ihrerseits berührt, dann sind die Aussichten gut, dass dieses Paar die Sequenz auch zum Abschluss bringt. Wenn sie sich ihm ganz zuwendet, er aber nicht, so wird die Kontaktaufnahme wahrscheinlich abbrechen und die Wahl unvollendet bleiben.

Das erscheint ziemlich vernünftig. Sie mögen vielleicht nicht zu einer genauen Analyse dieser präzisen Abfolge fähig sein, doch intuitiv wissen Sie sicherlich genau, dass Ihre Aussichten, eine Bekanntschaft zu machen, größer sind, wenn sich die Zielperson Ihnen zuwendet, Sie direkt ansieht und Sie berührt.

In dieser „Kunst zu lieben" liegt der ganze Sinn des Lebens. Wenn du aufhörst zu lieben, stirbt dein Wesen, auch wenn der Körper weiterlebt. Wenn du stirbst, ohne geliebt zu haben, hast du nie gelebt. Lieben ist wirklich zu sein und wirklich zu sein heißt, zu lieben. Die Liebe ist unser wahres Wesen, und in ihr vereinigen und verschmelzen alle Gegensätze, aber man kann nicht beschließen zu lieben.

Nicht zu uns gehört: lieben wollen, bewerten, einordnen, verstehen zu wollen, überhaupt zu wollen, ideal sein zu wollen, eine Rolle zu spielen. Wir brauchen nur zu sein, was wir sind. Was dann folgt, kann mit Worten nicht mehr beschrieben werden, man kann es nur erleben.

Aber es ist selten wie im Film – ihre Augen begegnen sich, sie wissen, dass sie füreinander bestimmt sind, und ihre Liebe überwindet alle Hindernisse. Die Annäherung geht meist von der Frau aus, und meist verstärkt sie auch eine Situation, indem sie ihn berührt, sich ihm ganz zuwendet. Glück ist ein Kind, das man täglich zeugen muss. Dabei spielen die Eltern eine große Rolle, denn sie waren die ersten Liebhaber in unserem Leben, und so suchen wir in einer Beziehung unbewusst die Geborgenheit und Sicherheit, aber eben auch die bedingungslose Liebe, die uns im Idealfall die Eltern gegeben haben.

Um mit anderen in Kontakt zu kommen, braucht man Kontakt zu sich selbst, und je mehr Kontakt man zu sich selbst hat, desto reicher kann die Beziehung zu einem anderen sein oder werden. Dieser Kontakt führt irgendwann zur Sexualität und die wiederum zur Intimität, und zwar in dieser Reihenfolge. Intimität ist die Voraussetzung für das Verschmelzen zweier Menschen. Auf der Ebene der Körper sind sie Mann und Frau, aber im Inneren sind sie dann mehr als beides, sie sind eins. Es gibt emotionale Intimität, intellektuelle und ästhetische Intimität. Es gibt eine spielerische Intimität und eine schöpferische Intimität. Es gibt Intimität in der Arbeit, in Krisen oder im Streit, oder Intimität im Engagement, und natürlich gibt es auch Angst vor Intimität, die Angst, den anderen wirklich nah an sich heranzulassen.

17

Um einen Gefallen bitten

Bei der Herausforderung versucht einer von Ihnen, den anderen in ein engeres Verhältnis zu ziehen. Der eine übernimmt die Herausforderung, der andere geht in die Defensive, mag es auch noch so unmerklich geschehen. Sehr häufig gehört es zur Strategie des Herausforderers, dem anderen gefällig zu sein. Diese Gesten gehen über die normalen Aktivitäten hinaus – beispielsweise sich mit jemandem zu verabreden und einen schönen Abend mit ihm zu verbringen. Das ist schon eine tolle Sache an sich, doch einige Herausforderer gehen noch einen Schritt weiter. Sie fangen an, Kleinigkeiten für Sie zu erledigen, durch die Ihr alltägliches Leben leichter oder zufriedener wird.

So bietet er womöglich an, Ihren Wagen in die Werkstatt zu bringen oder Ihre Stereoanlage zu reparieren, die Wäsche in die Reinigung zu schaffen oder einen geeigneten Steuerberater für Sie zu suchen. Und umgekehrt können Sie seine Wohnung aufräumen, ihn beim Kleiderkauf beraten, ein wichtiges Spiel auf Video aufnehmen, sich während seiner Abwesenheit um Pflanzen oder Haustiere kümmern.

Doch auch das Gegenteil kann geeignet sein, jemanden enger an sich zu binden. Statt etwas für das Wohlbehagen des Partners zu tun, bitten Sie ihn oder sie, etwas für Sie zu tun. Wenn eine Frau einen Mann fragt, ob er ihre Heizung repariert, schafft das ein Stück mehr Nähe. Bittet ein Mann eine Frau, ihn zum Flughafen zu fahren, dann wird sie dadurch ein bisschen mehr in sein Leben hineingezogen. Es handelt sich um die kleinen Gefälligkeiten, die man Freunden erweist. Die bloße Tat dieses oder jenes Gefallens definiert Sie beide auf subtile Weise als miteinander verbunden.

Jemanden um einen Gefallen zu bitten, ist ziemlich trickreich. Sie wollen nicht anmaßend und nicht aufdringlich sein. Sie möchten lediglich einem Gefühl der Verbundenheit Ausdruck verleihen. Und eine solche Zusammengehörigkeit zeigt sich unter anderem in kleinen Gefälligkeiten.

Beziehen Sie Ihren Partner in Ihr Leben ein, indem Sie ihn um eine kleine Dienstleistung bitten. Bitten Sie ihn, mit dem Hund um den Block zu gehen, mit Ihnen eine Pflanze umzutopfen oder das Wohnzimmer zu streichen. Bitten Sie um ihre Hilfe bei der Zusammenstellung des Essens für Ihre Eltern (aber fragen Sie bloß nicht, ob sie es kocht!).

Alle diese Dinge sollen die traditionellen Verführungsstrategien nicht ersetzen. Natürlich sollten Sie Ihr Interesse und Ihre Zuneigung auch weiterhin möglichst phantasievoll und überzeugend zum Ausdruck bringen. Doch wenn Sie dem Objekt Ihrer Herausforderung Gelegenheit geben, sich erkenntlich zu zeigen, so kann das Ihrer Sache nur nützen.

Die heimlichen Tests sind Umwege zum selben Ziel – der gewünschten Information. Die erste Variante bilden die „Intimitätsproben“:

- Probieren Sie eine körperliche Geste, eine Berührung oder eine Umarmung, und achten Sie auf seine/ihre Reaktion.

- Offenbaren Sie dem Partner etwas über sich selbst und warten Sie ab, ob er ein Gleiches tut.
- Stellen Sie ihn in der Öffentlichkeit als Ihren Freund (oder sie als Ihre Freundin) vor und beobachten Sie genau, wie er, wie sie reagiert.

Die „Selbstverständlichkeitstests“ sind eine riskantere Variante:

- Machen Sie eine scherzhafte Bemerkung über Ihre gemeinsame Zukunft und finden Sie heraus, ob das Thema Ihren Partner beunruhigt.
- Verzichten Sie absichtlich darauf, anzurufen oder eine Verabredung zu treffen, und warten Sie ab, ob Ihr Partner die Initiative ergreift.
- Machen Sie sich selbst ein bisschen schlecht und hören Sie genau hin, ob Ihr Partner Ihnen sagt, wie wundervoll Sie sind.
- Machen Sie eine ganz eindeutige Anspielung – über eine Verabredung, über Sex, übers Zusammenziehen und achten Sie darauf, ob Ihr Partner darauf eingeht.

„Belastungsproben“ bilden die nächste Risikostufe:

- Bringen Sie Ihren Partner dazu, etwas um Ihretwillen aufzugeben. Bitten Sie um seine, um ihre Aufmerksamkeit, wenn Sie wissen, dass er, dass sie arbeiten muss. Sie wollen herausfinden, ob Sie an erster Stelle stehen.
- Arrangieren oder nutzen Sie eine räumliche Trennung, um zu sehen, wie Ihr Partner Ihre Abwesenheit aufnimmt.
- Stellen Sie fest, wie weit die Liebe Ihres Partners geht, indem Sie sich unleidlich, missgelaunt, taktlos

oder schlimmer benehmen. Sie probieren aus, ob Sie sich von Ihrer schlechtesten Seite zeigen können und trotzdem geliebt werden.

18

Prüfstein Sexualität

Kommt es zur vierten Verabredung, dann passiert irgendetwas! Kaum jemand wird mehr als zwei oder drei Abende für einen Menschen opfern, an dem er kein Interesse hat. Die vierte Verabredung – gleichgültig, ob sie nach einer Woche oder einem Monat stattfindet – lässt auf Interesse und gute Aussichten schließen. Die nächstliegende Möglichkeit an dieser Stelle ist gewöhnlich die auf einen sexuellen Kontakt.

Hier führt der Verlauf der Liebeswerbung leicht zu Unsicherheit und Verwirrung. Die Möglichkeit sexueller Kontakte wirft drei Fragen auf: die des Verlangens, der Moral und der Grenzen. Die beiden ersten finden gewöhnlich große Aufmerksamkeit, während die dritte oft missverstanden wird.

Bei der vierten Verabredung weiß jeder, ob er ein sexuelles Verlangen spürt oder nicht. Viele sind sich sehr schnell sicher, andere brauchen länger. Ganz gleich, zu welchem Typ Sie gehören, mittlerweile sollten Sie wissen, ob der andere Sie sexuell anspricht oder nicht. Die Frage ist nur noch, wann Sie Ihrem Verlangen folgen wollen.

Die Moral spielt eine Rolle bei dieser Entscheidung. Dabei kann Ihre persönliche Einstellung denkbar einfach sein – „Wenn dir danach zumute ist, dann tu es!“ – oder auch so restriktiv, dass Sie jeglichen sexuellen Kontakt vor einer Ehe ausschließen. Das größte Problem bei der Entscheidung über sexuelle Kontakte sind die Grenzen. Erinnern wir uns, in der Verführungsphase übernimmt der eine die Herausforderung, und der andere steckt den Spielraum ab. Die Sexualität ist in dieser Hinsicht ein wichtiger Bereich. Ob man miteinander schläft, hängt nicht nur vom eigenen Verlangen oder der moralischen Rechtfertigung ab, sondern auch von der Frage, inwieweit man sich psychisch und physisch in der Lage fühlt, die Grenzen der Beziehung zu verändern. Wenn wir von den traditionellen Geschlechterrollen ausgehen, führen beide Partner von der vierten Verabredung an einen typischen inneren Dialog.

Er lässt die bisherigen körperlichen Kontakte Revue passieren und versucht, die Chancen abzuschätzen. Ist es zu früh? Soll ich es wagen? Wird sie mich nach dem Essen in ihre Wohnung bitten? Soll ich sie einladen? Wie wird sie reagieren? Er ist aufgeregt.

Sie denkt: Heute Abend kommt die Frage aufs Tapet. Wie soll ich mich verhalten? Ist es zu früh, wenn ich ja sage? Wenn wir zu ihm gehen, kann ich ihn morgens verlassen. Aber bei mir wäre ich in vertrauter Umgebung. Wie soll ich ihn nach Aids fragen? Wie sage ich am besten, dass ich noch warten möchte? Sage ich es ihm beim Essen, wirkt es überheblich. Wenn ich zu lange warte und die Weichen praktisch schon gestellt sind, komme ich mir vor wie ein Teenager. Und was ist, wenn er nie wieder von sich hören ließe?

Sie werden bemerkt haben, dass sie sich doppelt so viele Gedanken macht wie er. Das ist natürlich, denn er fordert heraus, und sie setzt die Grenzen. Sie hat mehr zu bedenken. Wären die Rollen vertauscht, würde er genauso Vorsicht walten lassen.

Das erste Mal

Soweit es die Mädchen angeht, ist es fast immer ein enttäuschender Schritt. Fast alle sagen sich (und anderen): „Das also soll es gewesen sein? Das große, das einmalige Gefühl, das Erlebnis, das eine andere aus mir gemacht hat, eine Frau? Das war das, worum sich die Welt dreht (wie ja alle Bücher, Filme und Lieder behaupten). Nein, das kann es nicht gewesen sein."

Der Junge wird wesentlich weniger differenziert damit umgehen. Er ist jetzt ein Mann, er kann prahlen, für die, die es auch schon gemacht haben, gehört er jetzt dazu und wird für voll genommen, die anderen, die „Unschuldigen", werden ihn bewundern – und das genügt ihm, vorerst. Ein Vergnügen war es nämlich ohnehin in den seltensten Fällen für ihn. Da war zu viel Angst, etwas falsch zu machen, zu versagen, sich lächerlich zu machen. (Ja, ja, die Leistungsgesellschaft.)

Das Vergnügen an der Sexualität kommt für beide (fast immer) erst später. Bei ihr, wenn sie einen gefunden hat, bei dem der „Spaß" daran wenigstens ein bisschen mit den Vorstellungen, die sie (meist nur unbewusst) hat, übereinstimmt; bei ihm, wenn ein echtes Gefühl da ist, wenn es nicht mehr Neugierde und Prahlsucht ist, sondern Liebe.

Ich würde jedem wünschen, dass „es" das erste Mal aus Liebe geschieht – und nur aus Liebe, denn wie sagt schon Paulus: „Die Liebe verzeiht alles" – auch Unerfahrenheit, Ungeschicklichkeit. In der Liebe ist das Suchen schöner als das Finden (ich meine das natürlich rein körperlich), und vom ersten hingehauchten Kuss bis zur leidenschaftlichen Umarmung, das ist eben ein Stückchen Weg.

19

Angst vor Sexualität

Möglicherweise gehören Sie zu den vielen, für die Sexualität eine unbeschwerte, erfreuliche Angelegenheit ist. Wenn ja, wird die Verführung wahrscheinlich zu den angenehmsten Abschnitten Ihrer Liebeswerbung gehören. Ist dieser Bereich für Sie hingegen nicht ganz so unproblematisch, wird die Verführungsphase Sie fordern.

Sexuelle Scheu entzieht sich weitgehend dem intuitiven Verständnis. Die Angst vor Ablehnung können wir alle begreifen – Ablehnung schmerzt. Sex jedoch ist angenehm und kann eine sehr positive Einstellung uns selbst und dem anderen gegenüber hervorrufen. Woher also kommt das Unbehagen, das so heftig werden kann, dass einige es am liebsten ganz lassen?

Die Antwort liegt darin, dass manche Menschen Sex mit gewissen Gefahren verbinden. Damit sind nicht Aids und andere Krankheiten gemeint, obwohl sie sicherlich in wachsendem Maße zu sexueller Unsicherheit beitragen werden. Sexuelle Intimität stellt ein enormes emotionales Risiko dar. Für manche Menschen ist es das nicht wert.

Die emotionalen Risiken haben einen doppelten Ursprung: den Geschlechtsakt selbst und seine möglichen Folgen.

In einem langen gesellschaftlichen Entwicklungsprozess hat sich eine positivere und zwanglosere Einstellung zum Geschlechtsakt ergeben. Deswegen können Sie als

Einzelner oder Einzelne aber doch ein Gefühl haben, das sich auf die Kurzform „Oh nein, muss ich?“ bringen lässt.

Muss ich mich vor diesem Fremden ausziehen? Werde ich gut genug sein? Muss ich etwas leisten? Werde ich ihm erfahren genug sein? Was ist, wenn ich keinen hoch kriege? Eine endlose Kette unsicherer, ängstlicher Fragen. Die körperliche Liebe verlangt eine physische wie emotionale Entblößung von Ihnen. Manchen Menschen bereitet es großes Unbehagen, sich in solcher Weise zu exponieren.

Wenn Sie nur ein bisschen ängstlich und gleichzeitig erfahren oder verliebt genug sind, werden Sie sich im geeigneten Augenblick wahrscheinlich über all Ihre sexuellen Hemmungen hinwegsetzen. Vielleicht behelfen Sie sich jedes Mal bei der ersten sexuellen Begegnung mit der Maxime „Augen zu und durch“. Das ist gar nicht mal so schlecht. Zwar bleibt Ihnen sicherlich der leidenschaftliche, sinnenverwirrende Rausch versagt, den Sie sich erhofften, aber manche Menschen sind nun einmal zu gehemmt, um bei einem/einer Fremden gleich aus sich herausgehen zu können. Im Laufe der Zeit werden Sie sich entspannen und mit Ihrem Partner mehr genießen. So real Ihre Unsicherheiten auch sind, sie dauern nicht ewig.

Ihre Ängste vor dem Geschlechtsakt könnten sich in jedem der folgenden Verhaltensmuster äußern: Ihre Liebeswerbungen enden mit der dritten oder vierten Verabredung. Nie sind Sie interessiert genug, um sich auf eine sexuelle Beziehung einzulassen. Sie würden sich in sexueller Hinsicht niemals als ängstlich bezeichnen. Es ist einfach so, dass niemand Ihr Typ zu sein scheint.

Die meisten Ihrer Beziehungen sind platonischer Art. Oft entwickeln Sie tiefe Gefühle für Menschen, mit denen Sie „nur befreundet“ sind. Sie glauben, Sie hätten gern eine sexuelle Beziehung, Ihnen aber scheint niemand ein derartiges Interesse entgegenzubringen. Stattdessen spielen Sie die Vertraute, die große Schwester oder den großen Bruder.

Es fällt Ihnen nicht leicht, sexuelle Angebote abzulehnen. So enden Sie in einem fremden Bett, weil Sie meinten, Sie müssten, und nicht, weil Sie Lust dazu hatten.

Sie haben eine sehr negative Einstellung zu Ihrem Körper. Sie gehen davon aus, niemand könne Sie so, wie Sie sind, anziehend finden. Doch eines Tages, wenn Sie erst einmal die 15 Pfund abgenommen oder sich im Fitnesscenter endlich ein paar Muskeln antrainiert haben, dann werden Sie Sex auch so richtig genießen.

Nur schwer lassen Sie sich sexuell erregen, nur schwer bekommen Sie einen Orgasmus. Sex ist noch nie ein besonderes Vergnügen für Sie gewesen. Sie verstehen nicht, warum so ein Theater darum gemacht wird.

Vielleicht wird auch Ihre eigene Liebeswerbung durch die Sorge um die Konsequenzen sexueller Beziehungen beeinträchtigt. Das kann Sie veranlassen, Beziehungen mit Partnern zu vermeiden, die sich langfristig binden könnten. Oder Sie fühlen sich ängstlich, verloren, verlassen und schuldig, nachdem Sie mit jemandem geschlafen haben. Sollten Ihnen solche psychischen Verfassungen bekannt vorkommen, dann achten Sie auf die folgenden Verhaltensmuster:

- Immer, nachdem Sie mit jemandem geschlafen haben, verlieben Sie sich. Vorher kann Ihre Haltung noch so objektiv oder beherrscht gewesen sein, hinterher fühlen Sie sich eine Nummer kleiner. Sie verlieren die Übersicht. Manchmal müssen Sie feststellen, dass Sie sich nach jemandem sehnen, den Sie noch nicht einmal mögen.

- Vielleicht verlieren Sie nach dem Sex nicht Ihr Herz, dafür aber den Kopf. Sie sind bedrückt, unsicher und haben Angst, die Beziehung könnte sich verschlechtern. Sie leiden unter plötzlichen Anfällen von Eifersucht oder sind überkritisch sich selbst gegenüber. Sobald Sie mit jemandem geschlafen haben, fängt das Grübeln an. „Bei mir geht immer alles auseinander. Mal sehen, wann es diesmal so weit ist."
- Sie lassen sich zwar auf sexuelle Beziehungen ein, doch nur mit Personen, die „nicht zählen". Sexuell unbeschwert fühlen Sie sich mit verheirateten Männern, älteren Frauen, ausländischen Austauschstudenten – kurzum mit jedem, bei dem sich keine Heiratsmöglichkeit abzeichnet. Weil Sie in solche Beziehungen emotional weniger investieren, sind Sie auch weniger verletzlich. Sie fühlen sich möglicherweise durch Ihre Ängste nicht so gehemmt, wenn der Einsatz geringer ist.
- Sie bemerken, dass Sie auf die Möglichkeit einer sexuell übertragbaren Krankheit oder einer ungewollten Schwangerschaft überreagieren. Selbst durch vernünftige und ausreichende Vorsichtsmaßnahmen lassen sich Ihre Ängste nicht beruhigen. Sie können sexuelle Intimität kaum genießen, solange Sie das Gefühl haben, Sie könnten dafür bestraft werden.
- Sie wittern, in der Falle zu sitzen oder eine Verpflichtung übernommen zu haben, sobald Sie mit jemandem im Bett gewesen sind. Sie genießen Sex, aber hinterher fühlen Sie sich auf unerklärliche Weise belastet. Diese Reaktion kann sofort eintreten – es ist Ihnen unerträglich, das Bett mit jemandem zu teilen, oder Sie hassen es, morgens aufzuwachen und er oder sie ist noch da. Es kann aber auch ein paar Wochen dauern, bis sich dieses Gefühl, gefangen zu

sein, einstellt. In jedem Fall ist Ihnen die Situation so unangenehm, dass Sie auf einen sexuellen Kontakt verzichten, wenn er mit bestimmten Erwartungen verknüpft sein könnte.

Die Moral

Die jeweils herrschende Moral – denn natürlich verändern sich die Moralvorstellungen laufend – ist selbstverständlich nichts anderes als ein Spiegelbild der jeweiligen Gesellschaft. Da die Regeln des menschlichen Zusammenlebens aber seit den letzten Jahrtausenden ausschließlich von den Männern bestimmt wurden (und immer noch werden), sind auch die Vorstellungen von Moral von rein männlichen Interessen bestimmt.

So wie lange Zeit Jungfräulichkeit (weiblich) bis zur Ehe ein absolutes Muss war, so wie Ehebruch (weiblich) zur Verurteilung durch die Gesellschaft und Ausstoßung aus derselben führte (siehe: Effi Briest, Anna Karenina, Madame Bovary), so restriktiv waren auch sonst in den vergangenen Jahrhunderten die moralischen Regeln – und so einseitig.

Die ganze Heuchelei des christlichen Abendlandes zeigt sich in dieser Doppelmoral. Auch im Judentum und im Islam ist Ehebruch ein schweres, hier sogar todeswürdiges Verbrechen gegen die Regeln der Gesellschaft; nur in diesen beiden Religionen büßten beide, Mann und Frau (Hinrichtung durch Steinigung).

Ein Mann, der Geliebte (oder besser Beischläferinnen) sammelt wie Briefmarken, gilt als Teufelskerl und wird bewundert (nicht nur von Männern); eine Frau, die dasselbe tut, ist eine Hure, ein leichtes Mädchen, eine, die eben jeder haben kann.

Und wenn er sich seine Erfolge erkauft durch teure Geschenke oder gleich durch Bares, tut das seinem Nimbus keinen Abbruch. Und wenn sie es nur aus Liebe oder aus Leidenschaft oder einfach aus Neugier tut, es hilft ihr nichts, man(n) – und komischerweise auch Frau – wird sie verurteilen.

Zugegeben, in den letzten Jahren hat sich einiges verändert, aber die alten Regeln werden noch eine ganze Weile in den Köpfen herumspuken. Moral ist einerseits eine Erfindung derer, die uns beherrschen und benutzen wollen – und andererseits derer, die zu alt, zu feige oder zu verknöchert sind, um sich selbst den Spaß zu gönnen, den sie uns verbieten wollen.

Scham und Schamlosigkeit

Die Annahme, dass den Menschen so etwas wie Schamgefühl angeboren ist, ist der pure Unsinn. Sehen Sie sich doch die Kinder an, die nackt und fröhlich an allen Stränden der Welt spielen. Auch der Glaube, dass sich Schamhaftigkeit sozusagen automatisch mit der Pubertät einstellt, wenn die sekundären und primären Geschlechtsmerkmale nicht mehr zu übersehen sind, ist ein Irrglaube; die Naturvölker beweisen uns das Gegenteil.

Die Schamhaftigkeit der erwachsenen „zivilisierten" Menschen hat meistens einen ganz einfachen Grund. Es ist die (häufig berechtigte) Erkenntnis, dass sich nicht alles zum Herzeigen eignet, mangels Masse und Qualität. Diese Rücksichtnahme auf das Schönheitsgefühl zeichnet allerdings leider nicht alle aus. Die Ellenbogenmenschen, die, die sich auch sonst nicht um die Gefühle der anderen kümmern, haben auch keine Skrupel, ihre Bierbäuche,

Hängebusen oder breitgesessenen Hinterteile den angewiderten Nachbarn am Strand oder sonstwo zu präsentieren. Subtiles Empfinden und Erfolgsdenken schließen sich halt leider fast immer gegenseitig aus.

Eine andere Form der Schamhaftigkeit ist hingegen vielmehr Raffinesse und damit eigentlich eher Schamlosigkeit. Wir wissen alle, dass knapp oder gerade noch Verhülltes um vieles aufregender ist als die Nacktheit pur. Der Tanga, die Dessous, die fast nichts mehr verbergen, wirken deshalb so stimulierend, weil ein winziger, aber wesentlicher Rest an Geheimnis bleibt.

20

Die Ambivalenz

Gerade beginnen Sie sich einem Partner ganz zuzuwenden, da sieht es so aus, als wenn seine Liebe etwas abkühlt. Sie sind traurig, wütend und verändern Ihr Verhalten. Sie werden drängend, übertrieben anhänglich oder ebenfalls ablehnend, tun alles, was die Situation verschlimmert. Sie sind klug genug, das zu merken, aber können es anscheinend nicht ändern. Sie spüren, dass sich der andere emotional distanziert hat, machen nun das Gleiche und errichten so eine Barriere. Vielleicht geht es Ihrem Partner nur zu schnell, vielleicht hat er Angst vor der Falle, der Verantwortung, der Endgültigkeit seiner Entscheidung. Diese Angst erfasst Männer wie Frauen und ist ganz natürlich, denn daraus wächst die Entscheidung zur Übernahme der Verantwortung. Erst wenn Sie diesen Schritt getan haben, sind Sie bereit füreinander. Sobald Sie also besonders kritisch werden mit Ihrem Partner, machen Sie sich bewusst, dass dies nur mit Ihnen zu tun hat und nicht mit ihm. Auch wenn sie oder er scheinbar das Interesse verliert, hat das mit dieser Angst und der bevorstehenden Entscheidung zu tun. Helfen Sie Ihrem Partner dabei und belasten Sie ihn nicht noch zusätzlich. Drängen Sie nicht zu früh auf eine Klärung, bestehen Sie nicht auf einer Entscheidung, bevor er so weit ist. Wenn Sie ihn darauf ansprechen, wird er wahrscheinlich leugnen, dass etwas anders ist, aber Sie wissen es genau und sollten jetzt wirklich klug sein, denn eine vielleicht wunderbare, erfüllende Partnerschaft steht auf dem Spiel. Das Schwierigste und Klügste, was Sie jetzt tun können, ist, dem Partner ganz zugewandt bleiben, aber sich ebenfalls rar machen. Ziehen Sie sich etwas zurück und folgen Sie nicht Ihrem Impuls, auf den Partner zuzugehen. Schaffen Sie Raum für eine Veränderung, nehmen Sie den Stillstand nicht persönlich. Halten Sie sich zurück, das heißt auch: keine endlosen Diskussionen. Gespräche jederzeit, aber führen Sie ihm vor Augen, dass Sie auch ohne ihn leben können, zeigen Sie jedoch auch, dass Sie das bedauern würden. Es kann sein, dass sich Ihre Beziehung dadurch in Luft auflöst, aber nur, wenn ohnehin die Luft raus ist. Zeigen Sie sich stark gerade dann, wenn Sie sich schwach fühlen. Machen Sie sich bewusst, dass Ihr Partner gerade eine Krise durchmacht, die ihn betrifft.

Eine Beziehung wird nicht fester, wenn man mehr miteinander unternimmt, sondern wenn man unverplante Zeit miteinander verbringt, wenn man einfach nur zusammen sein will. Nun kommt es auch zur Entscheidung über die Rechenschaftspflicht. Wie gehen Sie damit um?

Sie fangen an, sich als Paar zu verstehen, geben mehr von sich preis, und die Gespräche werden persönlicher und unverschlüsselt. Sie lernen die Familie und Freunde des Partners kennen, und es beginnt eine Traumzeit.

Doch bald pocht die Wirklichkeit an die Tür, die Unterschiede treten unübersehbar hervor und zwingen Sie, damit umzugehen. Es hat sich etwas Wichtiges entwickelt, aber es ist noch nichts Endgültiges. Manche bleiben lange in dieser schönen Phase, für andere ist sie sehr kurz. Fest steht, dort kann man nicht bleiben. Wenn man in dieser Zeit die Masken ablegt, um sich näher zu kommen, ist die Enttäuschung oft so groß wie die Liebe. Unterschiedliche Wertvorstellungen und Prioritäten werden jetzt sichtbar. Und Sie stellen vielleicht unterschiedliche Arten im Umgang miteinander fest. Manche äußern nie etwas Negatives und andere sprechen besonders über Unstimmiges. Jede Reibung aber zeigt nicht nur auf, was noch nicht stimmt, sondern zeigt auch die Nähe, die Sie erreicht haben. Aber vor allem zerstört sie jede Illusion und führt zur Enttäuschung.

Es hat aber keinen Zweck, die Unterschiede zu ignorieren, in der Hoffnung, dass es sich mit der Zeit schon gibt. Das tut es nie. So kann es zu einem Konflikt kommen zwischen Planung und Spontaneität. Sie können den toten Punkt nur überwinden, indem Sie den Teil des anderen integrieren, nicht nur in Ihr Verhalten, sondern in Ihr Sosein. Bei solchen Gesprächen spielt natürlich der Zeitpunkt eine große Rolle. Wenn ihr gerade nach einer Aussprache zumute ist, wenn er das Länderspiel sehen will, ist das Gespräch zum Scheitern verurteilt, bevor es begonnen hat. Aber wo immer möglich, sollte ein Problem „zum natürlichen Zeitpunkt des Entstehens" besprochen werden, in der Energie des Augenblicks, und nicht vertagt werden. Ziel ist immer, zu einer gemeinsamen Entscheidung zu finden. Ziel ist nicht der Sieg und nicht der Kompromiss, sondern die Erkenntnis des Besseren. Man kann ein „Zauberwort" vereinbaren. Wenn der eine es ausspricht, muss der andere zuhören, ohne zu unterbrechen, und danach drei Minuten warten, bevor er antwortet.

Auch der Ort einer Besprechung ist wichtig. Das Bett ist dafür ungeeignet, obwohl es immer wieder versucht wird. Finden Sie also heraus, welche Zeit, welcher Ort geeignet ist, und entwickeln Sie einen gemeinsamen Stil der Verständigung. Vor allem trennen Sie das Problem von der Person, damit es gar nicht erst zu einer Schuldzuweisung kommt. Schuldzuweisungen können Ihnen ein angenehmes Gefühl geben, im Recht zu sein, aber sie helfen Ihnen nicht, das Problem zu lösen. Denn dem anderen bleibt nichts anderes übrig, als sich zur Wehr zu setzen.

Werden Sie sich auch darüber klar, welche Erwartungen Sie an den anderen richten und wie er darüber denkt. Zum Beispiel wie Sie mit einem Geburtstag umgehen, wie Sie Weihnachten oder Silvester verbringen wollen usw. Sagen Sie nicht, das hat Zeit bis zur Ehe. Dann haben Sie andere Dinge zu klären. Sie erwartet vielleicht, dass er endlich aufhört zu rauchen. Er erwartet, dass sie einige Pfunde abnimmt. Oder der andere hat ein Kind und erwartet von Ihnen einen besonderen Umgang mit ihm. Hier brauchen Sie unendlich viel Geduld und Humor. Was wollen Sie, eine Reihe von unverzichtbaren Erwartungen erfüllen oder miteinander leben?

Irgendwann kommt die entscheidende Frage: Wollen wir heiraten? Die Antwort darauf kann nur Ja oder Nein lauten. Vielleicht oder später ist keine Antwort. Auch nicht „ein bisschen" oder halbwegs ist nicht akzeptabel. Ebenso wenig wie man ein bisschen schwanger sein kann, müssen Sie sich entscheiden. Wenn Ihre Gefühle dabei nicht etwas gemischt sind, haben Sie sich die Wirklichkeit noch nicht ausreichend vor Augen geführt.

Machen Sie sich auch bewusst, dass Heiraten etwas anderes ist als Verheiratet-Sein. Manche bleiben ein Leben lang verheiratete Junggesellen. Auch sollten Sie wissen, dass Ehe ein lebenslanger lebendiger Prozess ist und kein endgültiger Zustand. Eine Ehe kann sich auch nicht als Irrtum herausstellen, denn Heirat ist nur der Anfang. Verheiratet sein dagegen ist ein ständiges Bemühen. Den oder die Richtige gibt es nicht, nur Ihre Fähigkeit, Liebe zu geben und zu empfangen. Und das Ultimatum „Entweder du heiratest mich, oder ich mache Schluss“ ist kein guter Beginn. Auch die romantische Liebe ist kein idealer Anfang, sondern sie ist eher der Anfang einer fortlaufenden Enttäuschung.

Manche warten ein Leben lang auf die „innere Gewissheit“, ohne dass sie sich einstellt. Aber auch diese innere Gewissheit kann Sie nicht vor Schwierigkeiten und Enttäuschungen bewahren. Also warten Sie nicht darauf, handeln Sie. Ihre Ehe ist kein Fertigprodukt, sondern ein Bausatz – ein Puzzle, bei dem es allerdings immer mehr als eine Lösung gibt. Ihr Glück ist in erster Linie von Ihrer Bereitschaft abhängig, etwas daraus zu machen, und nicht von der Wahl des Partners.

Schon sechs Wochen nach der Eheschließung machen Sie die schockierende Entdeckung, wie groß der Unterschied zwischen Schein und Sein sein kann. Zwischen dem zweiten und dritten Ehejahr verschwindet die rosa Brille des Verliebtseins allmählich oder plötzlich, und Sie werden geprüft, ob Sie inzwischen zur Liebe gefunden haben oder nicht. Ob Sie bereit sind, sich miteinander auf den Alltag einzulassen, die härteste Prüfung für eine Partnerschaft. Nach zwölf Jahren kommt die vorletzte Entscheidung. Es stellt sich die Frage: War es das nun, oder fange ich noch einmal neu an. Die letzte Entscheidung fällt kurz vor dem 25. Ehejahr. Es ist die allerletzte Chance für eine andere Beziehung, oder man bleibt zusammen. Denn dann haben Sie gelernt, auch mit den Schwächen des anderen zu leben, sie vielleicht sogar liebenswert zu finden.

Wahre, echte Liebe ist Hingabe an das Leben und damit an das, was das Leben ausmacht; frei im Raum schwingend hat sie sich aus den Fesseln egozentrischer Weltsicht gelöst.

Wahre Liebe ist somit frei von Bindungen jeglicher Art. Alle Aufgaben des Lebens werden von ihr angenommen, getragen.

Diese Liebe als höchstes Gut des Menschen wächst aus seinem Wesenskern und ist letztlich das, wonach der Mensch in seinem Leben strebt.

21

All-eins-Sein

Viele Menschen haben Angst vor der Einsamkeit, dabei ist Einsamkeit nur falsch verstandenes All-eins-Sein. Sie aber fühlen sich ohne Partner nicht lebensfähig, sind unfähig, allein glücklich zu sein, und hoffen, dass ihre Einsamkeit verschwindet, wenn sie mit einem anderen zusammen sind. Zwei unglückliche Menschen werden aber nicht dadurch glücklich, dass sie zusammen sind, zumal dann die Angst dazukommt, den anderen wieder zu verlieren. Angst ist keine Grundlage für wirkliche Liebe.

Die meisten Kompromisse macht man, wenn man sich einsam fühlt. Letzteres liegt daran, dass man Mauern baut statt Brücken.

Allein, ohne Ablenkung, begegnen wir vor allem uns selbst, unseren unbekannten und oft verdrängten Seiten. Unbewusste Ängste kommen hoch und ungelöste Konflikte, die auf sich aufmerksam machen. Und so tun sich zwei zusammen, die sich dann gemeinsam von sich selbst ablenken.

Wenn sie aber zusammen sind, weil sie nicht allein sein können, ist die Grundlage nicht ein Ja zum Miteinander, sondern nur ein Nein zum Alleinsein. Alleinsein aber ist eine existentielle Aufgabe, die jeder während eines Lebens lösen muss. Erst im All-eins-Sein liegt das Geheimnis wahrer Größe und Stärke von Freiheit und Erfüllung, das heißt nicht Einsiedler sein und schon gar nicht Isolation, sondern waches Auf-mich-selbst-Konzentrieren. Anstatt mit jemandem in Verbindung zu stehen, erlebe ich dann eine tiefe Verbundenheit mit allem, was ist.

Der Wechsel von Zusammensein und Alleinsein ist etwas ganz Natürliches, ein Weg, seinem inneren Rhythmus zu folgen. Eine Beziehung ist etwas sehr Bewegliches und unterliegt einem ständigen natürlichen Wechsel von Nähe und Distanz. Alleinsein ist eine Aufgabe, vor der keiner weglaufen kann. Wahres All-eins-Sein ist die Aufhebung der Illusion der Dualität. In diesem Bewusstsein bin ich dem anderen und dem Ganzen auf eine intensive und tiefe Art verbunden, die nicht aus dem Denken kommt, sondern alle Bereiche des Seins erfasst. Dann erst bin ich wirklich autonom, und wahre Liebe wird möglich.

Einige Ansichten und Haltungen einer Abhängigkeitsbeziehung:

Ich kann ohne dich nicht leben.
Ich tue alles für dich.
Wir lieben uns, bis dann der Tod uns scheidet.
Ich mache es nur, wenn du es willst/einverstanden bist.
Wenn du mich wirklich liebst, dann …
Ich kann das nur, wenn du mitmachst.
Allein gehe ich da nicht hin.
Das können wir doch nicht machen. Was sollen denn die Leute denken.
Sag mir, dass du immer bei mir bleibst. Sag mir, dass du nie eine andere/einen anderen lieben wirst.

Versprich mir, dass du immer für mich sorgen wirst.
Wenn du mich wirklich lieben würdest, wüsstest du, was ich will, wie ich es meine, was mir wirklich fehlt.
Wenn du mich wirklich liebst, gehst du nicht mehr zu diesem grässlichen Fußball, Autorennen, Boxkampf …
Entscheide du das, du weißt das doch besser.

Diese Aufstellung könnte beliebig verlängert werden, und vielleicht ist es einmal interessant für Sie, die kleinen oder größeren Abhängigkeiten Ihrer Beziehung aufzuschreiben, sich bewusst zu machen, wie es in Ihrer Beziehung aussieht.

In zahllosen Beziehungen sucht die Frau nach der Vaterfigur und der Mann nach seiner Mutter. Wenn Sie das nicht glauben, schreiben Sie doch einmal die besonderen Eigenschaften Ihrer Mutter oder Ihres Vaters auf und dann die Eigenschaften Ihres Partners. Diese Aufstellung könnte eine Überraschung für Sie werden. Unser Partner scheint uns „der Richtige" zu sein, wenn er unserer Erwartung entspricht, wenn er die Rolle spielt, die wir ihm zugedacht haben. Und wenn er das nicht tut, dann ist es eben noch nicht der Richtige – und wir suchen weiter. Ganz selten einmal sehen wir unseren Partner so, wie er wirklich ist, ohne die Projektion unserer Erwartung. Erst dann erkennen wir, dass wir die ganze Zeit mit einer Erwartung, einer Rolle gelebt haben, dann kann eine wirkliche Beziehung beginnen, denn erst dann leben wir in der Wirklichkeit. Allerdings ist es auch möglich, dass uns der andere, ohne die Projektion unserer Erwartung, wie ein Fremder erscheint, selbst wenn wir schon viele Jahre mit ihm zusammenleben.

Oft suchen wir auch nur deshalb die Liebe in einer Partnerbeziehung, weil wir unfähig sind, uns selbst zu lieben. Wenn ich aber nicht einmal mich selbst lieben kann, kann ich erst recht keinen anderen lieben, oder besser: Ich kann einen anderen nur so weit lieben, wie ich mich selbst lieben kann. Selbstliebe ist die wichtigste Voraussetzung für diese Liebe zu anderen. Außerdem werde ich dem anderen nie glauben, dass er mich liebt, mögen die Beweise noch so zahlreich sein, wenn ich mich selbst nicht liebenswert finde.

Die Kunst des „All-eins-Seins“

Oft ist das Alleinsein der beste Partner, aber die meisten Menschen fürchten sich vor der Einsamkeit, sind unfähig, allein glücklich zu werden, ja oft sogar unfähig, allein mit dem Leben zurechtzukommen. In einer solchen Situation habe ich keine Wahl, ich brauche den anderen und bin auch bereit, dafür einen hohen Preis zu zahlen, denn ich kann ja nicht anders. Natürlich merkt der andere das sehr schnell und kommt in die Versuchung, meine Abhängigkeit auszunutzen. Doch ganz gleich, was er verlangt, ich muss es tun, solange die Angst vor dem Alleinsein größer ist.

Da wir von Natur aus freie Wesen sind, ist es unsere Aufgabe, so schnell wie möglich wieder in die Freiheit zurückzukehren, obwohl die meisten Menschen wahre Freiheit meist noch nicht kennen gelernt haben. Wahre Freiheit in einer Beziehung heißt, den anderen durchaus als Bereicherung des eigenen Lebens zu erleben und sich an dem Miteinander zu erfreuen, ohne es unbedingt haben zu müssen; zu leben in dem Bewusstsein, dass ich den anderen ohnehin nicht verlieren kann, solange er zu mir gehört, und dass ich ihn auf der anderen Seite aber auch nicht halten kann, wenn er nicht mehr zu mir gehört, ganz gleich, was ich auch tue. In Freiheit zu leben heißt, die Kunst des Alleinseins zu beherrschen, darin nicht mehr quälende Einsamkeit oder gar Isolation zu sehen. Es heißt, hellwach und wirklich „selbstbewusst" in der eigenen Mitte zu ruhen und aus dieser Mitte heraus in jedem Augenblick zu tun, was jetzt „stimmig" ist. Damit lebt man im „Ein-Klang" mit sich selbst und dem Ganzen. Erst in dieser Freiheit wird wahre Liebe möglich, die nicht mehr auf Abhängigkeit beruht, keine „Notwendigkeit" mehr ist, sondern reine Freude, ein Geschenk für beide. Erst aus dieser Liebe heraus kann ich mich unbefangen und liebevoll dem Ganzen zuwenden, beginne ich mehr und mehr, alles und jeden zu lieben, bis meine Liebe nichts und niemanden mehr ausschließt. Dann und erst dann bin ich zu einem Liebenden geworden, bin wirklich frei, und „All-eins-Sein" ist nicht mehr Aufgabe, sondern ein Geschenk!

Nehmen wir zum Beispiel einmal an, ich fühle mich einsam und möchte, dass mein Partner den Abend mit mir verbringt, obwohl ich weiß, dass er andere Pläne hat. Früher hätte ich wahrscheinlich Angst gehabt, ihm mein Bedürfnis offen mitzuteilen. Ich wäre wahrscheinlich alleine zu Hause geblieben und hätte mich damit beschäftigt, zu lernen, mein Alleinsein zu genießen. Später würde ich ihm gegenüber zwar einen gewissen Groll hegen, was ich aber weder ihm noch mir gegenüber zugegeben hätte. Dennoch würde mein Partner diesen Groll spüren, sich schuldig fühlen und nun seinerseits auf mich böse werden. Keiner von uns würde dies offen aussprechen, bis wir in Streit geraten und ich zu ihm sage: „Du nimmst keine Rücksicht auf meine Gefühle. Du willst nie mit mir zusammen sein." An dieser Stelle übermittle ich ihm auf telepathischem Wege, dass er für mein Glück verantwortlich sei. Heute wäre ich (hoffentlich) von Anfang an viel direkter. Ich würde sagen: „Ich weiß, dass du andere Pläne hast, aber ich fühle mich gerade so einsam und möchte gerne, dass du den Abend mit mir verbringst."

Ich habe eine sehr interessante Entdeckung gemacht: Wenn ich mich offen und ehrlich mitteile und alles sage, was ich sagen möchte, scheint es gar nicht mehr so viel auszumachen, wie der andere reagiert. Auch wenn er mir meinen Wunsch nicht erfüllt, fühle ich mich so klar und kraftvoll, weil ich gut zu mir selbst war, dass ich auf mein Bedürfnis viel leichter verzichten kann. Wenn ich meinem Partner, meiner Familie und meinen Freunden gegenüber aufrichtig und verletzbar bleibe, muss es nicht bis zum Groll gegen sie kommen.

Wenn du so für dich sorgst, dann bekommst du viel häufiger als sonst, was du brauchst. Wenn nicht, ist Loslassen der nächste Schritt.

22

Kluge Frauen – erfolgreiche Männer

„Nur bei Dir
bin ich bei
mir!“

Betriebspsychologen und Personalchefs haben schon Recht, es gibt nur einen Motor, der den geschätzten Arbeitnehmer, dauerhaft und gnadenlos, zu Leistung und immer mehr Leistung antreibt: die Ehefrau (möglichst noch mit dem einen oder anderen Kind versehen).

Wo der Junggeselle (wenigstens theoretisch) in der Lage ist, seinem Chef jederzeit den ganzen Krempel vor die Füße zu werfen, weil er ja nur für sich selbst verantwortlich ist, muss der Ehemann an die lieben Kleinen, die Hypothek für das Einfamilienhaus, die Raten für den Wagen, den Familienurlaub und den täglichen Einkauf im Supermarkt denken – er wird Wut und Ärger hinunterschlucken und brav Männchen machen. Ja, und so entstehen schließlich die meisten Karrieren.

Junggesellen, die jeden Tag aus einer anderen Richtung ins Büro kommen, sind dem Arbeitgeber – zu Recht – verdächtig; deutet doch ein solchermaßen zügelloses (Sexual-)Leben auf Unbeständigkeit und vor allem auf außerberuflichen Kräfteverschleiß hin.

Es sind gar nicht so viele Dinge, die einen Menschen zerstören können, die ihn/sie auf Dauer hoffnungslos werden lassen. Unheilbare Krankheit, endlose berufliche Misserfolge, wirkliche Armut, lebensbedrohende politische Verfolgung – aber das alles kommt mehr oder weniger von außen und „Mann/ Frau“ kann auf die eine oder andere Art und Weise dagegen ankämpfen.

Eines der größten Rätsel (für mich) ist, dass Männer im Bett einer (geliebten) Frau völlig den Verstand verlieren, obwohl sie das ihren Kopf kosten kann (oder ihr Vermögen oder ihre Stellung). Gelegentlich kostet es allerdings auch den Kopf eines anderen; wenn der, der den Verstand verliert, ein Mächtiger ist, einer, der über Schicksale und Auf- oder Abstieg entscheidet.

Wie viele Karrieren begannen nicht schon oder wurden zerstört, weil die Frau oder Geliebte eines dieser Mächtigen im richtigen Augenblick (ja, genau in dem) für oder gegen einen Kandidaten gesprochen hat. Johannes der Täufer verlor seinen Kopf, weil Salome ihn (den Kopf – und zwar auf einem silbernen Tablett) von König Herodes verlangte –, und dergleichen geschieht jetzt, in unserer Zeit, immer noch, wenn auch nicht immer so blutig. Fern in der Türkei wählt oder ersetzt (je nachdem) die Frau Gemahlin des Staatspräsidenten die Minister nach Belieben, indem sie einfach ihren „Einfluss“ geltend macht. Diese Gelegenheiten nennt man daher auch „schwache Stunden“, denn nie und nirgendwo sind Männer so beeinflussbar, so schwach wie im Bett einer geschickten Frau.

Obwohl die Männer alles, was sie tun, im Grunde nur der Frauen wegen tun, ist es in Wirklichkeit immer das Falsche, denn sie befriedigen zwar mit dem, was sie tun (oder lassen), das weibliche Sicherheitsbedürfnis, aber nie die weibliche Seele – und meist noch nicht einmal ihre Sexualität.

Es ist keine Frau bekannt, die Casanova, nachdem er sich verabschiedet hatte, mit Hass verfolgte, selbst die nicht, denen er nicht nur lieb, sondern auch „teuer“ war. Alle haben sie ihn in zärtlicher und dankbarer Erinnerung behalten. Er hat sie ja nicht betrogen, er hat ihnen nichts genommen (was ist schon Geld), er hat ihnen etwas geschenkt. Etwas, das sie von keinem anderen Mann bekommen haben: sexuelle Freuden, Zärtlichkeit und Verständnis – und das alles ohne die lästigen Schwüre von Zeit und Ewigkeit und vor allem ohne die üblichen männlichen Besitzansprüche. Es war ein Genuss ohne Reue.

Frauen würden ja so gerne nur lieben, wenn ihnen danach ist (obwohl ihnen eigentlich immer danach ist), allerdings muss dieser Wunsch gelegentlich erst geweckt werden. Aber ach, wie leicht wäre das, wie mühelos, wenn, ja wenn man(n) wie Casanova wäre! Wie anders würde sich die partnerschaftliche Liebe gestalten, wenn man(n) bereit wäre, nach den weiblichen Regeln von Zärtlichkeit und Lust zu leben, statt nach den ermüdenden und langweiligen männlichen Regeln der leistungsorientierten Penetration.

23

Partnerschaftskrise als Chance

Krisen, die eine Anpassung an veränderte Lebenssituationen verlangen, sind ein wichtiger Teil der Entwicklung eines jeden Menschen. Schon unsere Geburt ist eine ernste Krise, die wir meistern müssen, und manche Weisen sagen, wenn wir erst einmal die Geburt geschafft haben, dann haben wir das Schlimmste bereits hinter uns. Aber auch die Beziehung zwischen Mutter/Vater und Kind führt immer wieder zu kleineren oder größeren Krisen. Später die Konfrontation mit den Anforderungen der Außenwelt. Das Einfügen in die Gemeinschaft im Kindergarten, das Stillsitzen in der Schule und „Aufpassen-Müssen". Die tief greifende Krise der Pubertät, die uns plötzlich mit Aufgaben konfrontiert, die wir nicht kennen und für die wir keine Erfahrung mitbringen, die wir aber lösen müssen. Kaum haben wir dies gemeistert, stehen wir vor der Frage der Ablösung vom Elternhaus, der eigentlichen Berufswahl und der ersten Berufsbewährung. Dem Stellenwechsel folgt sehr bald ein Rollenwechsel beim Gründen einer eigenen Familie und bei der Verpflichtung den eigenen Kindern gegenüber. Dem Wechsel des Arbeitsplatzes folgt ein Umzug, verbunden mit der Trennung vom bisherigen Bekanntenkreis und den Freunden.

Wodurch Krisen hervorgerufen werden

Jede Krise wird als unerträgliche Belastung empfunden. Zuvor wurden die kleinen Schritte zur Lösung der Schwierigkeit immer wieder aufgeschoben, und „plötzlich" ist die Krise da, nun kann ich nicht mehr ausweichen, ich muss mich der Aufgabe stellen.

Im Laufe unseres Lebens gehen wir unausweichlich durch verschiedene Entwicklungsphasen hindurch. Unsere Geburt, Trotzphase, Schulzeit und Pubertät, Berufswahl, Partnerschaft und Gründung einer eigenen Familie sowie die damit verbundene Ablösung von den Eltern. Später dann Krankheit, schwindende Jugend, Alter und Tod. Obwohl diese Phasen vorhersehbar und vertraut sind, führt der Übergang in die nächste Phase doch meist durch eine Krise, die uns zwingt, etwas Vertrautes loszulassen und aufzugeben, um das Neue, jetzt Richtige, gewinnen zu können. Grenzen müssen aufgelöst werden, die uns bisher Sicherheit gegeben haben, aber auch Weite verhindern.

Die Krise, die wir dabei meist erleben, ist aber nicht zwangsläufig. Eine Krise kann nur entstehen, wenn ich mich weigere, einen „notwendigen" Schritt zu tun, und dadurch nicht mehr in Harmonie mit mir selbst bin, wenn ich mich weigere, wenn ich nein sage zur Wirklichkeit des Augenblicks. In der Krise ist zu prüfen, wo ich am Alten hänge, und das ist: loszulassen, in der Gewissheit, dass immer Besseres nachkommt. Das muss nicht unbedingt angenehmer sein, aber es ist immer richtiger.

Beziehungskrisen

Zwei Dinge sind schädlich für jeden: schweigen, wenn es Zeit ist zu reden, und reden, wenn es Zeit ist zu schweigen!

Eine Beziehung soll für beide eine Bereicherung bringen, indem die Partner sich gegenseitig ergänzen. Ergänzen kann man sich aber nur, wenn man verschieden ist. Diese Verschiedenheit wiederum enthält natürlich die Möglichkeit der Spannung, ja sie lebt gerade aus dieser Spannung. Wird diese Spannung nicht in einem Gleichgewicht gehalten, wird aus der sinnvollen Ergänzung schnell eine Kollision. Wird dieser Konflikt nicht schnell bereinigt, wird daraus eine Krise.

Viele Beziehungen beruhen auf der einen oder anderen Form von Abhängigkeit. Ein Mann braucht eine Frau, und viele Frauen sind in dem Bewusstsein aufgewachsen, dass für sie gesorgt ist, sobald sie erst einmal verheiratet sind. Dafür, dass der Mann sie beschützt und versorgt, ist sie ihm eine liebevolle Ehefrau, die ihn verwöhnt und das Haus in Ordnung hält. In so einer Rolle bleibt wenig Spielraum für eine wahre Beziehung. Solange ich den anderen brauche, habe ich in Wirklichkeit keine Wahl. Erst wenn ich den anderen nicht mehr brauche, kann ich mich freiwillig für ihn entscheiden, wird eine lebendige Beziehung möglich.

In einer Abhängigkeitsbeziehung kommt es sehr schnell zu Machtspielen. Er bestimmt, was gemacht wird, weil er ja schließlich das Geld verdient. Oder die Frau versteht es, den Mann von sich abhängig zu machen. Er bekommt seine Streicheleinheiten nur, wenn er tut, was sie will. Bewusst oder unbewusst versucht jeder in einer solchen Beziehung die Macht zu ergreifen, und weil ein solcher Versuch nicht immer klar für den einen oder anderen entschieden wird, gehen diese Machtkämpfe jahrelang, oft ein Leben lang, weiter. So findet der Bedürftige seinen Helfer, der Starke den Schwachen, der Sichere den Unsicheren und der Unterdrückte seinen Unterdrücker. Jeder findet so nach dem Gesetz der Resonanz das Gegenstück zu seiner eigenen Rolle. Jeder kann seine Rolle nur spielen, wenn er den geeigneten Partner gefunden hat. Dabei ist es durchaus möglich, dass jeder glaubt, sich aus freien Stücken für den anderen entschieden zu haben.

Die Lösung dieser Krise ist einfach, aber nicht leicht. Jeder muss die alte Vorstellung „Ich gestalte meine Umwelt nach meiner Vorstellung, nach meinem Geschmack" auflösen, sondern es muss die neue Einstellung gefunden und gelebt werden: „Wir schaffen uns ein Zuhause, das uns beiden entspricht." Entweder man findet einen gemeinsamen Geschmack oder jeder darf einen gleich großen Teil der Wohnung einrichten. Also auf eine veränderte Situation nicht mit den alten Verhaltensmustern reagieren, sondern ein situationsgerechtes Verhalten entwickeln. Das ist nahe liegend, offensichtlich und die einzige Möglichkeit, sonst leben beide in einer Dauerkrise, sonst kommt es zu einer Trennung, und das ist keine Lösung, sondern ein Weglaufen vor der Aufgabe, die das Leben gestellt hat.

Beziehungskrisen verlaufen viel individueller als Entwicklungskrisen, denn sie lassen dem Einzelnen mehr Spielraum. Nicht umsonst heißt es: „Geschwister hat man, Freunde kann man sich selbst wählen." Im Idealfall ergänzen sich zwei Partner so sinnvoll, dass es für beide ein Vorteil ist. Ziel einer solchen Beziehung ist es aber, die Stärken des anderen in die eigene Persönlichkeit zu integrieren und die Schwächen zu tolerieren, sodass ich irgendwann den anderen nicht mehr brauche, dass die

Partnerschaft sich erfüllt hat. Dann ist es nicht sinnvoll, daran festzuhalten, denn auf beide wartet ein neuer Partner, der hilft, den nächsten Schritt zu tun. Immer bereichere ich meine Persönlichkeit um die Besonderheit des anderen, werde so allmählich immer vollkommener, bis ich die letzten Schritte allein gehen kann, ja gehen muss.

Es gibt allerdings auch Beziehungskrisen, die durch die menschliche Entwicklung vorgegeben sind. Die Trennung vom Elternhaus und die erforderliche Abnabelung ist eine solche Situation, und nicht selten wird diese Abnabelung ein Leben lang nicht wirklich vollzogen. Solange ich aber nicht die Abnabelung von den Eltern vollzogen habe, ist ein Teil meiner Persönlichkeit gebunden, ist meine Beziehungsfähigkeit eingeschränkt, und das bekommt mein Partner schmerzhaft zu spüren. Die Krise ist damit vorgezeichnet. Ich bin dann nicht wirklich offen, kann auf Krisen in der Partnerbeziehung nicht flexibel reagieren, bin eigentlich noch nicht reif für eine neue Beziehung, solange die alte nicht abgeschlossen ist. Denn die neue Beziehung hat ihre eigenen Aufgaben.

Unser Sonnensystem ist ein ideales Beispiel für eine harmonische Beziehung. Keiner der Planeten versucht eine Sonne zu sein, jeder bleibt sich und seiner Natur treu und steht doch in vollkommenem Einklang mit allen anderen. Keiner muss etwas von sich opfern, sich verleugnen, keiner braucht einen Kompromiss einzugehen, bei dem keiner ganz zufrieden ist. Jeder ist einfach nur so, wie er ist. Genauso selbstverständlich und harmonisch können menschliche Beziehungen sein, wenn die Partner den Platz einnehmen, der sie erfüllt.

Die Lösung der Krise in der Partnerschaft – du bestimmst, wer du bist

Eine Krise entsteht, wenn ich mit einer unveränderten Einstellung in eine veränderte Situation komme. Wenn ich heirate und wir richten uns eine Wohnung ein, dann ist es wahrscheinlich, dass meine Frau einen anderen Geschmack hat als ich. Wenn ich in der Partnerschaft der Stärkere bin, dann versuche ich das zu begrenzen, indem ich ihr vielleicht die freie Gestaltung der Gästetoilette überlasse, und die übrige Wohnung richte ich nach meinem Geschmack ein – mit dem Ergebnis, dass sich meine Frau in unserer Wohnung nicht zu Hause fühlt. Oder sie ist die dominierende, schafft Gemütlichkeit nach ihrer Vorstellung, und ich bin dort nicht zu Hause. Allmählich entsteht so eine Entfremdung.

Vielleicht kommt es irgendwann einmal zu einer Aussprache, und ich sage ihr, dass ihre Vorliebe für Figürchen, Bildchen, Väschen und Kerzchen mir vorkommt, als wuchere der Sperrmüll in unserer Wohnung, und sie sagt mir, dass meine Vorstellung ihr zu kühl und nüchtern ist und sie darin friert. Ich fühle mich zu Hause nicht mehr zu Hause, ja ich habe gar kein Zuhause mehr. Ich habe das Gefühl, irgendwo möbliert zu wohnen. Da ist zwar der Partner, den ich liebe, aber sonst ist mir alles fremd. Es kommt zu einer Krise, denn sie ist es ja, die mir mein Heim entfremdet. In meinem Büro habe ich die klare Linie, die Ruhe und das Stimmige und beginne, mich dort zu Hause zu fühlen.

Wenn einer, gleich aus welchem Grund, heimatlos geworden ist, dann ist es oft die einfachere Lösung, sich eine andere Heimat zu suchen.

Die Heilung des „inneren Kindes“

Wenn ich mein „inneres Kind“ gefunden habe, kann ich mit ihm sprechen und so erfahren, was mir wirklich fehlt. Wenn Sie es nicht gleich erkennen können, dann gehen Sie in die innere Leere und laden Sie das innere Kind ein, in Erscheinung zu treten. Seien Sie geduldig, denn sicher ist es ängstlich, und wenn Sie es gefunden haben, tun Sie, was zu tun ist. Lassen Sie es weinen oder einen Wutausbruch bekommen. Lassen Sie sich erzählen, was ihm wehtut und wie Sie ihm helfen können, seinen Schmerz zu lindern. Seien Sie ihm Vater und Mutter, Bruder und Freund, und sobald es Vertrauen zu Ihnen gefasst hat, wird es Ihnen den Grund seiner Probleme und Schwierigkeiten sagen, aber Ihnen auch Wege verraten, wie Sie wirklich helfen können.

Meistens wird ein Kontakt nicht ausreichen, den Schmerz und das Leid eines ganzen Lebens zu schildern, also verabreden Sie sich wieder und wieder mit ihm. Geben Sie ihm Gelegenheit, sich ganz auszusprechen. Mitunter wird Ihr inneres Kind dann nicht nur zu den Verabredungen erscheinen, sondern zu ganz ungewöhnlichen Zeiten in Ihr Bewusstsein treten. In einer wichtigen Konferenz, bei einer Auseinandersetzung mit Ihrem Partner oder beim Umgang mit Ihren äußeren Kindern. Es kann sein, dass es nur Ihre Aufmerksamkeit erregen will, aber es kann ebenso gut sein, dass es Ihnen etwas wirklich Wichtiges zu sagen hat.

Wenn Sie sich so auf eine längere, liebevolle und geduldige Auseinandersetzung mit Ihrem inneren Kind einlassen, werden Sie bemerken, dass es allmählich älter und immer erwachsener wird und so alles nachholt, was es bisher versäumt hat. Es wird Ihnen immer ähnlicher, Sie erkennen sich immer mehr in ihm, bis Sie sich ganz mit ihm identifizieren können, denn es handelt sich um Sie selbst. Doch auch wenn das innere Kind erwachsen geworden ist, sollten Sie ihm weiterhin sagen und zeigen, dass Sie es lieben, dass Sie sich selbst lieben. Seien Sie sich weiter Ihr bester Freund, seien Sie wirklich gut zu sich selbst. Tun Sie etwas für den wichtigsten Menschen auf der Welt, für sich selbst, denn Sie sind Ihre Hauptaufgabe.

Wenn aus dem „Ich“ und „Du“ ein „Wir“ wird

Haben Sie zur Liebe gefunden, dann kann irgendwann der Wunsch nach einem Kind entstehen. Sind sich beide einig und bekommen das Kind, auf das sie sich gefreut haben, befinden sie sich plötzlich in einer ganz neuen Situation, auf die kaum ein Paar wirklich vorbereitet ist. Die bisherige Partnerschaft ist damit unwiderruflich vorbei, mag sie noch so schön und innig gewesen sein; sie ist Erinnerung. Vielleicht haben die beiden gedacht, ein Kind sei ein zusätzliches Geschenk, das sie beide noch mehr verbindet.

Wenn sie versuchen, die bisherige Partnerschaft fortzusetzen, dann vernachlässigen sie zwangsläufig das Kind, und das geschieht sehr oft. Das Kind braucht anfangs die Mutter, dann beide 24 Stunden am Tag, und so bleibt keine Zeit, die bisherige Partnerschaft aufrecht zu erhalten. Plötzlich haben die beiden keine Zeit mehr füreinander, denken voll Sehnsucht an früher, als sie noch einfach unendlich Zeit hatten, zärtlich zu sein, Dämmerstündchen zu machen und Händchen zu halten oder jederzeit ihre Körperlichkeit zu genießen. Die Frau ist plötzlich ganz Mutter, und man selbst steht daneben und hat keinen Partner mehr. Der andere ist zwar da, aber doch irgendwie nicht mehr erreichbar. Der Partner, den man so liebte, mit dem man ganz vertraut war, mit dem man so eins sein konnte, den gibt es nicht mehr.

Die Aufforderung in dieser Krise ist wieder die Gleiche. Ich lebe noch im alten Verhalten, aber die Situation hat sich geändert, und damit stimmt mein Verhalten nicht mehr. Nicht umsonst heißt es: „Vater werden ist nicht schwer, Vater sein dagegen sehr." Es kann jetzt nie wieder so werden, wie es einmal war. Ich brauche eine Einstellung, mit der ich der Situation nicht nur gerecht werde, sondern mit der ich mich wieder wohl fühlen kann.

In eine Krise gerate ich also nur, wenn ich eine überholte Vorstellung in eine neue Situation übertrage. Dann stimmen Verhalten und Situation nicht mehr überein. Entweder ich passe die Umstände meiner Einstellung an, oder wenn das nicht geht, passe ich meine Einstellung der veränderten Situation an. Das Leben verlangt einen Schritt von mir, einen Schritt vorwärts. Das heißt immer: auf mich zugehen, mir selbst näher kommen.

Wachstum ist gefordert, und das ist durchaus gelegentlich mit Geburtswehen verbunden. Wann immer eine Krise da ist, bin ich gefordert, einen Schritt zu tun.

Todesursache der Liebe: Verpflichtungen

Liebe ist ein Kind der Freiheit und lässt sich nicht verpflichten. Das wäre so, als wenn Sie eine Rose dazu verpflichten wollten, ewig zu blühen. Das geht aber nur mit einer Plastikrose.

Dies ist genau das, was viele Menschen mit der Eheschließung tun: Sie wollen sich einander zur Liebe verpflichten. Sie möchten etwas festhalten, was sie als einmalig erleben, als etwas sehr Schönes. Unmöglich, es muss scheitern. Ich sage nicht, dass jede Ehe scheitern muss; solange sie von beiden Teilen als etwas Lebendiges betrachtet und behandelt wird, wird sie leben.

Etwas Lebendiges wie eine Rose oder wie die Liebe braucht die Pflege und Aufmerksamkeit des Gärtners. Sie braucht Bewusstheit.

Liebe ist wie ein schöner Vogel. Dieser Vogel hasst Käfige, er stirbt, wenn er eingesperrt ist. Aber der Mensch neigt dazu, alles Schöne einzusperren, damit er es immer anschauen kann und immer sagen kann: „Das gehört mir." Welche Illusion! Nur wer innen arm ist, wird alles Schöne einsperren. Wenn Sie all das Schöne in sich selbst entdeckt haben, können Sie alles äußere Schöne loslassen, und dann kommt es freiwillig zu Ihnen.

24

Typisch männliche Biografie

Liebe als nicht endendes Glück oder – andersherum – als stets wiederholbares Glück, das ist anfangs die Vorstellung, die der Mann vom „Krieg der Geschlechter" hat.

Etwas später dann, so um die Dreißig, wenn vor allem berufliche Beanspruchungen jeden erreicht haben, wenn weniger Zeit und weniger Leichtigkeit vorhanden sind, schlägt allmählich bei fast allen die gesellschaftliche und erbbiologische Programmierung durch, ebenso wie bei den Frauen.

Jetzt soll es nicht mehr irgendeine sein, sondern eine bestimmte, eine, die bleibt und bei der man(n) bleibt. Vorstellungen und Vorlieben haben sich verfestigt, auch was die Liebe anbelangt. Man(n) ist jetzt nicht mehr ständig auf der Suche, man(n) will seine eigenen vier Wände, seine eigene Frau, vielleicht auch Kinder, kurz, Ordnung im Leben und im Liebesleben.

Die Liebe stellt er sich jetzt vor als etwas, das dauert. Er wird seine Frau nicht betrügen und sie ihn nie (glaubt er). Sie werden zusammenleben, Karriere machen und für immer glücklich sein.

Jenseits der Vierzig sind ihm schon alle Blessuren ins Gesicht geschrieben; die Figur (seine und ihre) ist nicht mehr ganz so knackig, des Haares Fülle hat sich verflüchtigt (bei ihm, bei ihr ist es jetzt gefärbt), die Kinder nerven, wenn es welche gibt, und die Karriere, selbst wenn sie stattgefunden hat, macht auch nicht so glücklich, wie man(n) dachte. Die Liebe ist jetzt das, was man versäumt hat – und noch schlimmer, das, was man(n) täglich versäumt. Die Männer, die jetzt treu sind, sind es meist, weil ihnen zu Recht ihr Selbstvertrauen und ihr Glaube an die eigene Anziehungskraft verloren gegangen sind.

Der Schwung, den Sie vor 20 Jahren einmal hatten, ist längst und unwiederbringlich dahin; jetzt können Sie nur noch mit der Brieftasche winken (wenn sie voll genug ist). Der so genannte zweite Frühling, besser die Midlifecrisis, die jetzt für jeden beginnt, ist nichts anderes als die tief empfundene Angst, dass bald alles vorbei sein wird.

Der Mann jenseits der Fünfzig, in den besten Jahren (was nur heißt, dass die guten vorbei sind), will eigentlich hauptsächlich seine Ruhe, häuslichen Frieden – und eine junge, schöne Frau, die ihn trotzdem liebt und die ihm vor allem treu ist.

Natürlich weiß er, wenn er dieses Risiko eingeht, tief in seinem Innern, dass dies nur fromme Wünsche sind. Die Gründe, warum diese Frau mit ihm zusammenliegt (manchmal auch nur lebt), können eigentlich nur wirtschaftliche sein. Merke: Wenn ein Mann in diesen Jahren eine junge Frau hat, dann ist die Wahrscheinlichkeit, dass sie sich, zumindest gelegentlich, den für sie notwendigen Lustgewinn bei einem anderen, jüngeren holt, beinahe eine hundertprozentige. Die Biologie ist eben eine berechenbare Größe.

Nach Erreichen der Sechzig gibt es eigentlich nur noch drei Möglichkeiten: Man(n) ist allein und bleibt es auch. Oder: Das rührende (und äußerst seltene) Bild von Philemon und Baukis bietet sich dem Betrachter, das Bild von zwei Menschen, die miteinander durch das Leben gegangen sind, die sich durch alle Höhen und Tiefen die Treue gehalten haben (nicht nur körperlich) und die gemeinsam alt geworden sind. Ach ja, schön wär's. Normalerweise aber sieht es so aus, dass die beiden zwar gemeinsam alt geworden sind, aber jetzt nur noch aus Bequemlichkeit beieinander sind – und weil sich auf der langen Wegstrecke nichts Besseres mehr gefunden hat. Diese zwei haben sich längst nichts mehr zu sagen und fühlen kaum mehr etwas füreinander.

Aber das ist ja immer noch besser als im Alter allein zu sein – und letztlich ist das auch eine Art von Liebe, wenn auch eine traurige.

Das Leben hört dann auf, wenn man auf nichts mehr wartet, wenn man nichts mehr erhofft; man wartet dann eigentlich nur noch auf das Sterben. Und dasselbe gilt für die Liebe.

25

Typisch weibliche Biografie

Die Frau um die Zwanzig ist mittendrin in der Suche. Einmal versucht sie immer noch (sie „testet“ ja erst seit wenigen Jahren) herauszubekommen, wie die Männer wirklich sind, ob Erfahrungen – Glücksfälle, aber auch herbe Enttäuschungen – typisch für das ganze männliche Geschlecht sind. Zum anderen sucht sie noch sich selbst, die Quellen ihrer Lust oder ihrer Unlust.

Das ist die Zeit, in der bei vielen der Eindruck entsteht, dass die Männer „immer nur das eine“ wollen, womit sie ja gar nicht so Unrecht haben. Da Frauen dieses Alters selten die gleiche sexuelle Gier entwickeln wie die jungen Männer (das kommt dann oft später), fühlen sie sich oft überfordert oder sogar abgestoßen.

Die Tatsache, dass die männliche Sexualität (und auch die Potenz) um die Zwanzig am stärksten ist, ist den meisten der so heftig Bedrängten ja nicht bekannt. Die Frau um die Zwanzig will Liebe und Sex, die Männer um die Zwanzig wollen Sex und Liebe. Aus dieser unterschiedlichen Reihenfolge entwickeln sich die hauptsächlichsten Missverständnisse und Probleme, die die jungen Menschen in der Liebe miteinander haben.

Weil also der sexuelle Hunger der jungen Damen meist erheblich geringer ist als der ihrer gleichaltrigen Partner, legen sie wesentlich mehr Wert auf das Beiwerk der Liebe, als da sind: Romantik, Zukunftspläne, seelische Streicheleinheiten und Treue.

Aus dieser Unverträglichkeit der Wünsche und Vorstellungen resultiert übrigens auch der Hang vieler junger Damen zu älteren Partnern (zwanzig Jahre und mehr), und nicht nur aus dem Schielen nach dem dicken Wagen und der wohl gefüllten Brieftasche – darauf allerdings auch.

Um so erstaunlicher ist es, dass Frauen erst jenseits der Dreißig das größte Vergnügen an der Sexualität haben. Sie kennen jetzt sich, ihre Wünsche und ihren Körper ganz genau. Jetzt sind sie nicht mehr bedrängte Lustobjekte, sondern fordernde Partnerinnen im Spiel der Liebe und beim Liebesspiel.

Vielleicht liegt es aber auch daran, dass sich ihre Familienträume bis dahin entweder schon erfüllt haben oder aber verdorrt sind, dass aus dem Fortpflanzungstrieb etwas wie die Lust an der Lust geworden ist. Vielleicht haben die Frauen bis dahin aber auch herausgefunden, dass es mehr Spaß macht, an einer Sache beteiligt zu sein, als nur als Objekt für das Vergnügen des andern zu dienen.

Wehe dem Ehemann, der nicht dafür gesorgt hat, dass Kinder oder Beruf jetzt den größten Teil ihrer Zeit und Energie beanspruchen. Er wird sich eine Geweihsammlung anlegen, um die ihn jeder Oberförster beneiden würde, denn Liebe ist für die Frau um die Dreißig fast ausschließlich möglichst ausführliche und phantasievolle sexuelle Befriedigung. Das dürfte auch der Grund dafür sein, dass (alle) Ehefrauen dieses Alters ihre Männer betrügen, wenn nicht gerade heute, dann gestern, sonst bestimmt morgen.

Logisch: Ein Liebhaber muss ja auch ganz andere Qualitäten haben als ein Ehemann und Kindsvater – und die Fähigkeiten, die der Grund waren, warum sie ihn damals vor zehn Jahren ausgesucht hat (es ist immer sie, die ihn aussucht), sind ganz andere als die, die ihr heute Vergnügen bereiten. Das alles allerdings immer vorausgesetzt, ihr Familienleben ist geordnet (und damit: eigentlich schon abgehakt).

Sollte die Frau über Dreißig nicht verheiratet oder bereits wieder geschieden sein, dann bekommt sie jetzt allerdings Torschlusspanik. Sie weiß, dass ihre Reize allmählich zu schwinden beginnen und in absehbarer Zeit ganz nachlassen werden – und ein Leben ganz ohne Familie, ohne Kinder, ohne Mann oder ohne beides erscheint den meisten schwer zu ertragen.

Die Frau jenseits der Vierzig lebt, was die Liebe angeht, in ständiger Angst – ob eingestanden oder unbewusst, ob mit Grund oder grundlos –, weil sie weiß, dass die biologische Uhr gnadenlos abläuft. Sie fürchtet, wenn sie einen Partner hat, dass dieser sie fortwährend mit jüngeren Konkurrentinnen vergleicht; wenn sie keinen oder keinen mehr hat, dann fürchtet sie, für den Rest ihres Lebens alleine bleiben zu müssen.

Ihre Vorstellungen von Liebe sind, wenn sie gelebt und geliebt hat, entweder von Ernüchterungen geprägt oder – wenn sie nicht allzu viel (Liebes-)Glück gehabt hat – von Verbitterung; große Erwartungen hat sie nicht mehr, denn, ach, „in demselben Flusse schwimmen wir kein zweites Mal".

Jenseits der Vierzig wird es bitter. Wer nicht schon früher dafür gesorgt hat, dass er/sie geliebt wird, wer sich bis dahin keine Liebe verdient hat, der hat dieses Glück wohl versäumt. Die Liebe, die ein Mensch braucht, wenn die Jugend sich endgültig verabschiedet (und er braucht sie wie die Luft zum Atmen), kann es nur geben, wenn sie über die Jahre gewachsen ist, wenn zwei Menschen wenigstens einen Teil des Weges zusammen gegangen sind – und wenn sie auch in schwierigen Zeiten zusammengehalten haben.

26

Warum wir fremdgehen

Der Seitensprung gehört trotz aller Bekenntnisse und Anstrengungen zur Monogamie, offenbar zu unserem biologischen Erbe. Und er ist keineswegs ein Privileg des Mannes. Frauen haben, wenn sie nach einem anderen Ausschau halten – so die neuesten Evolutionspsychologen – nur andere natürliche Motive.

Der Mensch sei zwar – gute Nachricht – von der Natur dazu konstruiert, sich zu verlieben, schreibt der amerikanische Wissenschaftsautor Robert Wright in seinem Buch „The Moral Animal", „aber – schlechte Nachricht – er ist nicht dazu konstruiert, es zu bleiben". Insofern sei es völlig „natürlich", wenn es ansonsten monogame Ehemänner wie Ehefrauen hin und wieder in fremde Betten treibt.

Frauen gehen fremd, weil sie Selbstbestätigung suchen (42 Prozent). Weil sie Lust auf Abwechslung haben (30 Prozent). Weil sie in der Ehe sexuell frustriert sind (29 Prozent). Weil sie sich so für die Untreue des Partners rächen wollen (17 Prozent).

Das ergab eine Studie der Gesellschaft für Rationelle Psychologie. Von 1049 befragten Frauen im Alter zwischen 18 und 29 Jahren gaben zwar 89 Prozent sexuelle Treue als Grundvoraussetzung für eine gute Partnerschaft an, aber kaum eine glaubte an die Treue bis zum Tode –

und knapp die Hälfte hatte den Beweis bereits persönlich angetreten.

Wenn also Frauen – ähnlich den Webervogel-Weibchen – Männern mit attraktiven „Nestern“ den Vorzug geben, dann nicht so sehr aus geschmäcklerischem Kalkül, sondern aus Sorge um die Zukunft ihrer Kinder. Da haben Männer mit Villa und entsprechendem Konto einfach die besseren Chancen.

Das Problem sei nicht die Evolution, sagen sie, sondern der Mensch, weil er im Grunde polygam veranlagt und von der Einehe überfordert sei.

Ich liebe dich

„Unter all den Milliarden Menschen bist du etwas ganz Besonderes für mich. Ich will auch ganz besonders für dich sein. Einmalig. Wenn du mich betrügst, dann sagst du mir indirekt, dass ich dich nicht so glücklich machen kann, wie du es brauchst. Das aber kränkt mich.“

Natürlich ist es schwer, lebenslänglich treu zu sein. Andere Kulturen wussten das. Manche polygamen Gesellschaften erlauben deshalb den Männern, die Ehe mit zwei, drei Frauen zu führen: eine für die Kinder, eine für die geistigen Interessen, eine für die Sexualität. Dahinter steht die Einsicht, dass ein Partner allein diese drei Bedürfnisse kaum auf Dauer erfüllen kann. In unserer Kultur ist heute eine Art sukzessive Polygamie verbreitet. Man heiratet zwei- oder dreimal im Leben – die Partner werden nach den Bedürfnissen der jeweiligen Lebensphase ausgesucht.

Das erste Geheimnis einer treuen Liebe ist die Sensibilität und Aufmerksamkeit füreinander, in der beide Partner sich stärken und loben können. Das zweite Geheimnis ist der Respekt und die Achtung, mit der zwei Menschen sich begegnen. Bevor die Liebesheirat „erfunden“ wurde, versprachen sich Eheleute Achtung und Respekt voreinander und hofften darauf, dass irgendwann daraus Liebe wurde. Heute versprechen wir uns Liebe und hoffen darauf, dass auch Achtung und Respekt aus ihr erwachsen.

Im Allgemeinen gehört die sexuelle Treue zu dieser stillen Abmachung. Doch auch dieser Begriff ist sehr vage, weil niemand genau definiert, was Sex machen eigentlich bedeutet. Beinhaltet diese, dass man einem anderen gegenüber keine sexuelle Anziehung empfindet? Wie kann man ein Abkommen treffen, etwas nicht zu fühlen? Gefühle entziehen sich der bewussten Kontrolle.

Das eigentliche Problem dieser äußeren Verpflichtungen besteht darin, dass sie keinen Raum für die unvermeidbaren Veränderungen und das Wachstum der Partner und der Beziehung lassen. Wenn du versprichst, bestimmte Normen einzuhalten, musst du dich irgendwann entscheiden, ob du dir selbst oder den Regeln treu sein willst. Wenn du dir selbst gegenüber nicht mehr ehrlich bist, bleibt in der Beziehung nicht mehr viel von dir übrig. Du wirst zu einer leeren Hülle, hinter deinem lobenswerten Pflichtgefühl steckst nicht mehr du selbst!

Wenn wir also versuchen, unsere Beziehungen in ein bestimmtes Muster zu pressen, zerstören wir sie. Wir verschwenden dann viel Zeit und Energie für den sinnlosen Versuch, sie wieder lebendig zu machen.

Wir müssen bereit sein, dass sich die Wahrheit einer Beziehung von selbst enthüllt. Wenn wir im Einklang mit uns selbst leben, uns gegenseitig vertrauen und ehrlich und aufrichtig zueinander sind, wird die Beziehung ihre eigene Einzigartigkeit und Faszination entfalten. Jede Beziehung ist ein Abenteuer. Man weiß niemals genau, wohin sie führen wird. Von Minute zu Minute, von Tag zu Tag und von Jahr zu Jahr verändert sie ihren Charakter.

Was mich betrifft, so besteht die einzige Verpflichtung, die ich mir selbst gegenüber eingehe, darin, mein eigenes Sein zu lieben, zu achten und ihm zu gehorchen. In einer Beziehung verpflichte ich mich zu Wahrheit und Aufrichtigkeit. Jedem, den ich liebe, verspreche ich, mein Bestes zu tun, die Wahrheit zu sagen, meine Gefühle mitzuteilen, die Verantwortung für mich selbst zu übernehmen, die Verbundenheit mit dem anderen zu achten und sie zu erhalten, ganz gleich, wie sich ihre äußere Ausdrucksform verändert.

Eine echte Verpflichtung enthält keine Garantie für die äußere Form der Beziehung. Sie trägt der Tatsache Rechnung, dass sich die Form in einer ständigen Veränderung befindet und dass wir diesem Veränderungsprozess vertrauen können. Sie öffnet die Tür zu wahrem Verbundensein, das dann entsteht, wenn zwei Menschen aufrichtig zueinander sind. Wenn zwei Menschen auf dieser Basis zusammen sind, dann sind sie es, weil sie es wirklich wollen. Sie fahren fort, die Intensität ihrer Liebe zu steigern und aneinander zu lernen, während sie sich verändern und wachsen.

Wie ist das mit der Treue? Einerseits sollten wir vom Standpunkt der bedingungslosen Liebe aus imstande sein, einander gegenseitig die Freiheit zuzugestehen, alle Erfahrungen zu machen, die wir brauchen. Also: „Wenn du die Erfahrung der Sexualität mit jemand anderem brauchst oder wenn du ausprobieren willst, was jene Beziehung für dich bedeutet, dann geht das in Ordnung, dann ist das okay."

Doch wir wissen natürlich, dass das in der konkreten Lebenssituation nicht funktioniert. Es funktioniert nicht, weil es die Angst vor der Trennung heraufbeschwört. Zum Teil geht das auf die Tatsache zurück, dass unsere sexuelle Energie noch nicht als das erlebt wird, was sie tatsächlich ist. Wir verstehen die Kraft der sexuellen Energie noch nicht. Sie ist die Schwelle zum Nichtmanifesten, zu unserem geistigen Selbst, und wenn wir sie mit mehr als einer Person teilen, so wirkt das wie eine Abkürzung in unserer geistigen Entwicklung.

Das bedarf näherer Erklärung. Nehmen wir an, jemand, der in einer festen Beziehung lebt, hat ein „unerlaubtes" Verhältnis mit einem Dritten, so bringt er die Energie der dritten Person in seine ursprüngliche Beziehung ein. Das muss natürlich eine Veränderung in der Dynamik verursachen. Und natürlich ist auch deutlich spürbar, dass derjenige seine Energie nun auch auf seine neue „Flamme" richtet und sie daher von seinem ursprünglichen Partner abzieht. Dem „hintergangenen" Partner tut das weh, weil er sich mit einem Mal in seinem Wert geschmälert sieht.

Würden wir unsere Multidimensionalität wahrhaftig leben, wäre auch unsere Liebe nicht linear. Mit anderen Worten: In dem Moment, in dem Sie den Liebesakt mit einem Dritten vollziehen, bemächtigen Sie sich einer fremden Energie. Sie ziehen Ihre Energie aus Ihrer ursprünglichen Beziehung ab, um sie in eine andere fließen zu lassen, und das verursacht ein unglaubliches Ungleichgewicht.

Wir haben noch nicht gelernt, dass jeder, den wir anziehen – sei es ein Liebhaber oder ein wirklicher Lebenspartner –, absoluter Teil unseres Karma, Teil unseres geistigen Zusammenhanges ist.

Wenn wir zum Kern des Wesentlichen gelangen könnten, würden wir das ändern. Statt es linear zu sehen, wie wir es noch immer tun, statt mir zu sagen „Wenn ich mich hier mit dir in Liebe vereinige, kann ich dort nicht anwesend sein", könnten wir selbst die Verantwortung für alle unsere Entscheidungen übernehmen.

Die weibliche Treue

Eine Frau ist bedingungslos treu, solange sie liebt, was sie allerdings meist nicht für lange tut – und schon gar nicht für immer oder gar ewig. Weibliche Treue beruht nicht auf Mangel an Gelegenheit, sie kommt aus dem Gefühl, das Optimale bereits zu besitzen, und wer tauscht schon unter normalen Umständen einen Rolls-Royce gegen einen VW?

Der Mann, den sie liebt, ist der für sie sexuell anziehendste, das heißt der, der ihre sexuellen und emotionalen Bedürfnisse (so wie sie ihr bekannt sind) optimal befriedigt und der ihr zudem ausreichende soziale Sicherheit gibt – und ausreichend ist immer nur das für sie erreichbare Maximum.

Meist bekommt sie, bedauerlicherweise, nur eines von beiden – aber wenn die Diskrepanz zwischen diesen beiden Polen, zwischen sexueller Befriedigung und sozialer Sicherheit, zu groß wird, führt das bald zum Ende ihrer Liebe und etwas später auch zum Ende ihrer Treue, denn einen Rolls-Royce ohne Benzin tauscht die kluge Frau (und klug ist sie immer) sogar gegen einen VW, wenn dieser fährt; und an dem Rolls-Royce, der zwar über einen vollen Tank verfügt, aber dessen Aschenbecher überquellen und dessen Sitze zerschlissen und unbequem sind, verliert sie auch irgendwann den Spaß.

Die weibliche Treue resultiert also ausschließlich daraus, dass die Bedürfnisse der Frau in sexueller und/oder sozialwirtschaftlicher Hinsicht, soweit wie für sie erreichbar, erfüllt sind.

Auch eine unattraktive Frau würde lieber mit Robert Redford leben als mit ihrem Ehemann/Partner – wenn dies möglich wäre. Moralische Kriterien spielen für sie keinerlei Rolle. Keine Frau ist einem Mann treu, weil sie es ihm versprochen hat oder weil ihn ihre Untreue verletzen oder gar umbringen würde.

Merke: Ein Selbstmordversuch schmeichelt zwar ihrer Eitelkeit, lässt sie im Übrigen aber völlig kalt, ja, in der Regel verachtet sie den Mann, der ihretwegen sterben will, wie sie Schwäche immer verachtet.

Treue aus Gewohnheit ist etwas, das es für eine Frau schon gar nicht gibt. Ihre Treue ist immer bewusst und begründet. Sie ist treu, weil und wenn sie „das Beste" bereits zu besitzen glaubt. Das heißt aber keinesfalls, dass sie mit diesem Besten auch zufrieden sein muss. Es kann auch bedeuten – denn Frauen sind sehr pragmatisch, was das Erkennen der eigenen Grenzen angeht –, dass ihr bewusst ist, dass ihre eigene Anziehungskraft nicht ausreicht, mehr zu bekommen.

Zusammengefasst: Wenn eine Frau treu ist, dann ist sie es, weil sie mit dem Partner, den sie hat (zurzeit), zufrieden ist, aus Leidenschaft, aus Klugheit oder aus Resignation.

Die männliche Treue

Die Treue eines Mannes ist häufig schlicht und ergreifend auf einen Mangel an Gelegenheiten zurückzuführen, denn er hält sich ja für einen Jäger (während er in Wirklichkeit der Gejagte ist). Dieser Mangel an Gelegenheiten kann viele Gründe haben: kein geeignetes Umfeld, Zeitmangel durch zu viel Arbeit, zu starke Kontrolle durch seine Partnerin (denn Männer sind konfliktscheu, was den Verlust einer Partnerschaft angeht), mangelndes Selbstvertrauen (Männer unterschätzen ihren Selbstwert häufig, Frauen selten). Zum größten Teil beruht männliche Treue aber auf Bequemlichkeit, die aus einer ausreichenden Zufriedenheit resultiert.

Ein Mann ist treu, solange er nicht zur Untreue „gezwungen" wird, sei es durch die Lieblosigkeit der Partnerin, sei es durch eine andere Frau, die ihm Avancen macht, denn die männliche Dummheit, Eitelkeit und Fehleinschätzung weiblicher Beweggründe ist beinahe unbegrenzt. Zwei weitere Gründe für seine Treue sind das männliche Sozialverhalten und seine sexuelle Bedürfnislosigkeit.

Verantwortung zu übernehmen, im Beruf, im Staat, in der Familie, das wollen Männer, und sie betrachten das Scheitern einer Beziehung als persönlichen Misserfolg, als Fehlverhalten und als Versagen bei einer übernommenen Aufgabe; es beeinträchtigt ihr (ohnehin schwach ausgeprägtes) Selbstwertgefühl. Ein Mann, der von einer Frau verlassen wird, sucht die Schuld bei sich, eine Frau in derselben Situation sucht die Schuld bei ihm.

27

Liebe und Eifersucht

In unserer „Haben-Gesellschaft“ ist es fast eine Selbstverständlichkeit, den Partner für sich allein zu beanspruchen. Wie sollte man auch eine Ausnahme machen, wenn das ganze übrige Leben auf Besitz und Anerkennung ausgerichtet ist. Die Zuwendung des Liebespartners zu einem anderen Menschen in Liebe wird so als persönliche Herabsetzung und Kränkung empfunden. Wenn sich jedoch das Besitzstreben auch in die Liebe einmischt, dann kommt es zwangsläufig zur Eifersucht, die uns das Leben und die Liebe schwer macht. Wer in der Liebe wirklich glücklich werden will, sollte zwei Dinge aus seinem Denken löschen. Einmal die kindliche Angst, nicht genügend geliebt zu werden; denn jeder kann nur so viel Liebe empfangen, wie er gibt. Und zweitens das Bedürfnis, den Partner wie einen Gegenstand besitzen zu wollen. Denn wenn der andere wirklich zu mir gehört, dann kann ich ihn gar nicht verlieren, und wenn er nicht oder nicht mehr zu mir gehört, dann kann ich ihn nicht halten.

Manche sind sogar auf das Hobby ihres Partners eifersüchtig, möchten am liebsten seine ganze Aufmerksamkeit, seine ganze Zeit für sich haben. Sie haben Angst, dass der Partner mit etwas anderem als mit ihnen glücklich sein könnte, ein Glück, an dem sie nicht teilhaben. Sie wollen den anderen möglichst an sich binden, und genau das ist der Anfang vom Ende einer Liebe, denn Liebe kann nur in Freiheit leben. Ein Mensch, der auf eine solche Weise in Besitz genommen wird, fühlt sich von dieser Art Liebe bald gefesselt, erdrückt und in der Entfaltung seiner Persönlichkeit behindert.

Immer wieder wird behauptet, an der Eifersucht könne man den Grad der Liebe des anderen erkennen, also je eifersüchtiger jemand sei, desto mehr liebe er seinen Partner. Das ist natürlich ein Trugschluss, denn Eifersucht zeigt nur, wie ängstlich, unsicher oder besitzorientiert der Eifersüchtige ist, da er glaubt, einen Anspruch auf die Liebe des anderen zu haben. Dadurch aber wird Liebe zur Verpflichtung, zur Pflicht und zum Zwang, und das ist das Ende einer jeden Liebe. Einen solchen Menschen, der uns beengt und behindert, können wir auf Dauer nicht lieben. Ebenso wenig wie wir verhindern können, einen Menschen zu lieben, in dessen Nähe wir weit werden können, bei dem wir uns selbst näher kommen. Für ihn öffnet sich unser Herz von selbst, denn durch ihn können wir zu uns selbst finden.

Wir stellen also nicht nur zu hohe, sondern zudem noch falsche Erwartungen an die Liebe. Wir wollen die Liebe festhalten, weil sie uns seelischen oder wirtschaftlichen Halt gibt oder weil wir uns durch sie wertvoller fühlen. Sobald man aber die Liebe für irgendeinen Zweck missbraucht, verflüchtigt sie sich. Liebe kann man nicht einsperren, sie ist so sensibel, dass sie gerade dann, wenn der Verstand sie festhalten möchte, besonders rasch entschwindet. Auch wenn ich den Liebespartner formen und verändern möchte, beginnt die Liebe zu entgleiten.

Je mehr ich den anderen als „meinen“ Partner ansehe, als den Menschen, der mir treu ist und mein Leben teilt, der für mich da ist, der mich braucht und den ich brauche, desto weniger hat die Liebe eine Chance. Dabei gilt die

Verrücktheit, einen Menschen besitzen zu wollen, für sich allein haben zu wollen, als absolut normal. Sobald aber die Inbesitznahme des Partners beginnt, vergeht die Liebe. Je mehr man sich bemüht, die Liebe mit dem Verstand zu fördern, an seiner Liebe arbeitet, desto schneller ist sie vorbei. Nur allzu leicht sind wir dann bereit, dem anderen die Schuld zu geben, schließlich habe ich ja alles für unsere Liebe getan.

Enttäuschte Liebe ist immer nur enttäuschte Erwartung, und wenn ich keine Erwartungen mehr habe, kann ich auch nie mehr enttäuscht werden. Meine Erwartungen sind die Ursache für meine Unzufriedenheit, Angst und Eifersucht. Eifersucht hat auch nur scheinbar etwas mit dem Partner zu tun. In Wirklichkeit ist der andere nicht verantwortlich für meine Angst, meine Sehnsucht, Verzweiflung oder gar für meinen Hass. Er ist nur der Auslöser, die Ursache aber liegt in mir. Durch den anderen werden diese Mängel in mir nur sichtbar, also sollte ich ihm dafür keine Schuld geben. Je stärker ich mich an meine Erwartungen klammere, desto unflexibler werde ich, wahrzunehmen, was außerhalb meiner Erwartung geschieht.

Es ist Sonntag, Sonne, gute Laune, und ein Ehepaar geht spazieren. Sie lieben sich, gehen Hand in Hand und sind glücklich. Da kommt eine andere vorbei, nicht einmal besonders attraktiv, aber irgendetwas versucht ihn, ihr nachzuschauen. Er findet nichts Besonderes und wendet sich wieder seiner Frau zu. Die aber ist sauer. Denkt, was er wohl an der findet, und erlebt einen Selbstwerteinbruch. Sie mag sich selbst so empfindlich nicht leiden und geht auf ihn los. Schließlich hat er ihr das ja angetan.

Er ist sich keiner Schuld bewusst und versucht zuerst noch, sie liebevoll zu trösten und aufzuheitern. Aber da sie nur mit spitzen Bemerkungen reagiert, wird auch er zunehmend gereizter und sagt auch ihr einige Unfreundlichkeiten. Sie bricht in Tränen aus, und schließlich sprechen sie gar nicht mehr miteinander. Wortlos gehen sie heim.

Schließlich siegt die Liebe, und es kommt zu einer Aussprache. Wenn jetzt beide nicht sehr aufpassen, geraten sie dabei leicht wieder in die gleiche Energie, und schon ist der schönste Streit im Gange. Jetzt wird gründlich aufgerollt und einmal alles das gesagt, was bisher verschwiegen wurde. Erneute Tränen, und sie fährt heim zu ihrer Mutter. Wenn die Liebe nicht doch noch siegt, ist ihre Ehe kaum noch zu retten.

Keinem ist aufgefallen, dass sie beide in Wirklichkeit gar kein Problem haben. Der auslösende Blick zu einer anderen war ja nicht gegen seine Frau gerichtet, denn er liebte ja seine Frau. Es war eigentlich eine völlig belanglose Situation, die nur drei Sekunden dauerte. Da ist kein Problem, und es gibt nichts zu lösen. Gar nicht drum kümmern wäre das Beste gewesen, und nichts hätte ihre Liebe und den schönen Tag getrübt. Sie hätten sich an ihrer Liebe erfreut und noch gern an diesen schönen Spaziergang zurückgedacht.

Eifersucht – der ganz normale Wahnsinn

Wer sucht, der findet. Und Eifersüchtige sind damit besonders erfolgreich. Denn sie entdecken Beweise für die Untreue ihres Partners, auch wenn er noch so treu ist. Doch zum Glück gibt's Mittel gegen dieses schleichende Gift, das jede Liebe tötet.

Das Haar war blond und dünn. Man musste schon zweimal hinschauen, um es auf seinem groben, beigefarbenen Tweedjackett auszumachen. Aber sie hatte es sofort entdeckt. Schon vor zehn Minuten, als er fröhlich nach Hause gekommen war.

Fröhlich? War er nicht unnatürlich hektisch, zu sehr um sie bemüht? Während er ihre Hand hielt und begeistert vom Betriebsfest berichtete, sah sie nur dieses eine blonde, dünne Haar.

Dieses Biest, diese Hure! Sie hatte es ja gewusst. Gleich an dem Tag, als sie seiner neuen Sekretärin Erika zum ersten Mal begegnet war. Wie die sich schon anzog, aufreizend wie ein Animiermädchen. Und dann diese viel zu hell gefärbten Haare! Dünne, blonde Haare – genau wie dieses eine, das jetzt so selbstverständlich auf seiner Schulter lag. Der endgültige Beweis für das, was sie schon lange ahnte: Er betrog sie nach Strich und Faden. „Aber Liebling, du hörst mir ja gar nicht zu“, murrte er mitten in ihre Gedankengänge hinein.

Nein, sie hörte nicht zu. Nicht an diesem Abend und nicht an den folgenden. Renate verließ sich nur noch auf ihre innere Stimme. Ihm glaubte sie kein Wort mehr. Kam er zu spät heim, weil er eine Panne gehabt hatte, schrie sie ihn nur hysterisch an: „Die Panne kenne ich!“ Wollte er nicht mit ihr ausgehen, weil er müde war, giftete sie: „Die Mittagspause mit deiner Sekretärin war wohl zu anstrengend.“ Wann immer er ihr erklärte, dass er wirklich kein Verhältnis mit Erika habe, allein sie liebe, brach sie in Tränen aus und antwortete ihm mit erstickter Stimme: „Dass du dich nicht schämst, mich so anzulügen.“

Um seine Ehe zu retten, ließ Hans seine Sekretärin in eine andere Abteilung versetzen. „Ich sehe sie jetzt nicht einmal mehr“, beruhigte er Renate. „Ist jetzt wieder alles in Ordnung, mein Liebling?“

Renate atmete auf, war wieder fröhlich und unbeschwert. Ihren Freundinnen erzählte sie, so einen Seitensprung müsse man eben verzeihen und vergessen können. Aber ihr gutes Gedächtnis schlug ihr ein Schnippchen. „Wenn er mich einmal betrogen hat, tut er es bestimmt wieder“, dachte sie und wurde noch misstrauischer. Der Reigen begann von neuem. Alles, aber auch wirklich alles gab ihr Anlass zu quälendem Misstrauen: seine Dienstreisen, die wöchentlichen Skatabende mit seinen Freunden, eine vertrauliche Unterhaltung mit ihrer besten Freundin, das lange Gespräch mit einer Kollegin auf seiner Geburtstagsfeier. Hinter jedem seiner Alleingänge vermutete sie sofort eine Affäre. Ständig machte sie ihm Szenen, verdächtigte ihn und heulte: „Du liebst mich nicht.“ Als sie ihm wieder einmal vorhielt, mit einer Kellnerin geflirtet zu haben, packte Hans die Koffer. Wie versteinert stand sie an der Tür. Als er ging, hörte sie ihn nur wie von ferne sagen: „Ich liebe dich, aber du lässt mir keine Luft zum Leben.“

Ein paar Jahre nach der Scheidung traf Renate durch Zufall Erika in einem Café. Endlich fand sie den Mut, auf sie zuzugehen und ihr ins Gesicht zu sagen, was sie von ihr hielt. Erika hörte ruhig zu. Dann antwortete sie: „Ich habe nie mit Ihrem Mann geschlafen. Nicht dass ich es nicht gern getan hätte. Aber dieser Idiot war Ihnen ja so verdammt treu. Und das Betriebsfest, das Haar auf seinem Jackett? Mein Gott, wir haben miteinander getanzt“, sagte Erika. „Mehr war wirklich nicht. Leider.“

Wie sagt der Volksmund so treffend: „Eifersucht ist eine Leidenschaft, die mit Eifer sucht, was Leiden schafft.“ Keiner ist gegen dieses elementare Gefühl gefeit. Jeder hat schon einmal gespürt, wie es an den Magenwänden zehrt, jeden klaren Gedanken aus dem Hirn verscheucht. Eifersucht tut weh. Vor allem uns selbst. Und oft auch dem anderen.

„Eifersüchtig sind nur Spießer", sagen die Aufgeklärten, bis es sie selbst erwischt. „Liebe ohne Eifersucht gibt es nicht", sagen unsere Mütter, wenn sie uns trösten. „Wirkliche Liebe kennt keine Eifersucht", sagen die Philosophen und sprechen von einem besseren Menschen. Sie alle meinen dieses Phänomen in der Beziehung zwischen Mann und Frau. Aber dieses grässliche Gefühl lernen wir schon viel früher als die erste Liebe kennen.

Oft führt die Eifersucht aber tatsächlich zu Racheakten, Gewalttaten, Mord. Die Akten der Staatsanwaltschaft sind voll mit Fällen, deren einziges Motiv dieses schleichende Gift in uns ist. Dieses Gefühl der Ohnmacht, das einen zum Opfer macht und manchmal sogar zum Täter werden lässt.

Bei allem, was mich nervt, schmerzt, bin immer ich gemeint! Ganz gleich durch wen es geschieht, alles ist immer nur mein Spiegelbild. Ich begegne in jedem anderen auch immer mir selbst.

Eifersucht ist kein Beweis für die Liebe

In abgeschwächter Form kennen wir solche Anwandlungen ja auch bei Verflossenen. Nachdem wir uns von ihm getrennt haben, sind wir erst einmal erleichtert. Wenn die nächste große Liebe aber lange auf sich warten lässt, während unser Ex-Mann schon wieder im siebten Himmel schwebt, werden wir eifersüchtig auf die neue Freundin: Die hat jetzt all das, was mir eigentlich zusteht. Hätte ich ihn nur behalten. Plötzlich sehnen wir uns nach jemandem, den wir vorher aus guten Gründen nicht schnell genug loswerden konnten.

Diese verzwickten Emotionen haben mit Liebe wenig zu tun. Und trotzdem kennt sie jeder, der liebt, denn beinahe unmerklich entwickelt sich ein Besitzanspruch auf den Partner. Schon unsere Sprache macht das ganz deutlich: „Das ist mein Mann.“ – „Den will ich fürs Leben.“

Der Sozialwissenschaftler Heinz Körner hat über diese schleichende Entwicklung ein Gedicht geschrieben:

„Ich liebe dich,
ich hab dich lieb,
ich hab dich,
wir gehören zusammen,
du gehörst zu mir,
du gehörst mir,
du bist mein,
du bist meine Frau,
du bist mein Besitz.“

Der Bemächtigungsdrang, der uns im Namen der Liebe überkommt, kann so stark werden, dass er dem Partner seine Eigenständigkeit nimmt und ihm die Luft zum Atmen raubt. Oft müssen Liebende erst mühsam lernen, dass die Beziehung nicht auseinander bricht, wenn jeder eine gewisse Selbstständigkeit bewahrt.

Denn die Utopie, der wir nachrennen, heißt „eins werden“, „miteinander verschmelzen“. Die Wirklichkeit, die aus diesem Traum resultiert, wäre jedoch die Auslöschung des geliebten Individuums. Es gäbe den Partner nicht mehr als ein Ich, sondern nur noch als ein Wir. Da könnten wir ja nur noch sagen: „Ich liebe uns.“

Liebe darf nicht zum Gefängnis werden

Lieben – das heißt, den geliebten Menschen zu fördern, zu befreien, zu beleben und zu behüten. Die meisten Beziehungen sind jedoch von der Angst besetzt, der Partner könne sich weiterentwickeln und einem dabei aus den Fingern gleiten. Diese Angst führt zu dem Bemühen, ständig das Bestehende zu festigen und zu sichern, da jede Veränderung und Entwicklung gefährlich scheint. So wird der vermeintlich geliebte Mensch gehemmt, erstickt, gelähmt und an die Kette gelegt.

Verlustangst ist da im Spiel, ein bedrohliches Gefühl, das wir alle von klein auf kennen. Auch wenn die Mutter (oder eine andere Bezugsperson) nur für ein paar Minuten verschwand, war diese lähmende Angst da: Sie kommt nie wieder, ich bin allein und verlassen. Erst wenn sie wiederkam, waren wir glücklich. Liebt man einen Mann, spielt sich Ähnliches ab. Es ist auch natürlich, dass man Angst hat, ihn zu verlieren. Denn der Möglichkeiten gibt es viele. Er kann sich emotional entfernen, er kann sich in eine andere verlieben, er kann sterben. Doch mit Eifersucht können wir dem nicht vorbeugen. Damit erreichen wir nur das Gegenteil. Aus der Liebe wird ein Gefängnis, und der Gefangene schmiedet Pläne für die Flucht.

Wer liebt, wird immer Angst haben, den Geliebten eines Tages zu verlieren. Er sollte jedoch nicht versuchen, ihn um jeden Preis zu halten. Er muss ihn in seiner Eigenständigkeit akzeptieren, darf dafür aber die eigene nicht aufgeben. „Wer nicht eifersüchtig ist, der liebt nicht“, sagt man so dahin. Ein altes französisches Volkslied weiß es besser: „Liebe ist ein Kind der Freiheit“ – der eigenen und der des anderen.

Eifersucht – die Lupe des Misstrauens

Sie lässt uns Beweise finden, wo keine sind. Nicht selten wird so ein treuer Ehemann durch falsche Verdächtigungen geradezu in die Arme einer anderen getrieben. Wenn er schon zu Hause dafür geschimpft wird, dass er fremdgeht, dann will er es auch ausprobieren. Den Ärger hat er ohnehin. Warum also nicht auch die Freuden?

Es ist hier nicht von der Eifersucht die Rede, die einem plötzlich wie ein Stich durchs Herz fährt, weil er so heftig von einer Kollegin schwärmt. Und auch nicht von dem flauen Gefühl in der Magengegend, wenn er mit einer anderen tanzt. Da flackert zwar kurzfristig Misstrauen auf, aber es vergeht schnell wieder. Und manchmal kann man sogar mit dem Partner später über diese Hirngespinste lachen. Es geht um die alles beherrschende Eifersucht, um den Eifersuchtswahn, der einen packt und nicht mehr loslässt.

Eifersuchtsproben sprechen für sich:

- Sie erzählen von einem möglichen Rivalen (einer Rivalin).
- Sie treffen sich tatsächlich mit einem potentiellen Rivalen
- und sorgen dafür, dass Ihr Partner davon erfährt.

Schließlich veranstalten manche Leute sogar „Treuetests“, obwohl dies nach Stoff für eine Boulevardkomödie klingt: Man lässt den Partner mit einer attraktiven Mitbewohnerin oder einer hübschen Freundin allein und wartet ab, wie er reagiert.

Solche Prüfungen können unter Umständen die gesamte Liebeswerbung hindurch veranstaltet werden. Während der Herausforderung sind sie jedoch am häufigsten, weil man zu der Zeit für ein offenes Gespräch noch nicht vertraut genug ist. Nicht ungewöhnlich sind sie auch in der Verhandlungsphase, wo man möglicherweise stark an der Verbindung zu zweifeln beginnt.

Liebesprüfungen können Ihnen Informationen verschaffen und insofern Ihr Intimitätsgefühl stärken. Aber Sie sollten sich nicht zu sehr auf sie verlassen. Oft fallen gerade die nettesten Partner in solchen Tests durch. Er weiß nicht, dass er eifersüchtig werden soll, und selbst wenn er eifersüchtig ist, nimmt er sich vielleicht zusammen, um es sich nicht anmerken zu lassen. Der Schuss geht nach hinten los, und Sie fühlen sich ungeliebt.

Meine Kinder – deine Kinder

Vater und Mutter, das sind die beiden ersten Menschen, von denen man Liebe empfängt – aber nur, wenn man Glück hat und wenn gerade kein Krieg ist und wenn (zeitnäher) keine Scheidung stattgefunden hat; sonst ist es nur der eine Teil, und das ist fast immer die Mutter.

Vaterliebe und Mutterliebe sind so unterschiedlich wie es Mann und Frau nun einmal sind, wie Sonne und Mond oder passender: wie Vater Staat und Mutter Erde. Die unterschiedliche Einstellung, die Männer und Frauen zu ihrem Nachwuchs haben, entspricht der (meist) gegensätzlichen Einstellung zum Leben und zu der Liebe.

Ein Vater sieht in seinem Sohn (Tochter geht auch, aber schon nicht mehr so gut) die Fortsetzung seines eigenen Lebens, seines Erfolges, wenn er welchen hat, oder aber die Möglichkeit, eigene Misserfolge, sozusagen in der nächsten Generation, in Erfolge umzuwandeln: „Meine Kinder sollen es einmal besser haben.“

Väter neigen immer dazu zu erziehen, Erfahrungen, wie sie meinen, weiterzugeben; dabei sind es in Wirklichkeit nur eingefahrene Verhaltensregeln, die unbewältigt und meist auch noch unreflektiert weitergereicht werden.

Mütter lieben ihre Kinder ohne Wenn und Aber, sie haben keine Erwartungen, und gerade die so genannten Sorgenkinder werden von ihnen am meisten geliebt. Das ist Liebe pur.

Väter erwarten immer etwas: Erfolge. Sie wollen stolz sein auf das, was da aus der Kraft ihrer Lenden (na ja) hervorgegangen ist. So genannte Versager (Kinder, die die Vorstellungen der Väter nicht erfüllen) werden sehr schnell mit Liebesentzug bestraft.

Daher der Vergleich mit Vater Staat und Mutter Erde. Die Erde erwartet nichts von dem, was sie da wachsen lässt, der Staat fordert, immer.

Ich behaupte, die einzige Frau, von der ein Mann jemals wirklich und ohne Einschränkungen geliebt wird, ist seine Mutter. Und zwar nach dem Apostelwort: Die Liebe rechnet nicht, sie fordert nicht, sie versteht alles, sie verzeiht alles – die Liebe hört nimmer auf. Versuchen Sie einmal, meine Herren, von einer fremden Frau (auf Dauer) auf diese Art geliebt zu werden. Unwahrscheinlich? Richtig!

Und da haben die Männer (wieder einmal) den besseren Teil erwischt. Töchter werden von ihren Müttern selten auf die gleiche unkritische und schrankenlose Weise geliebt wie Söhne. Väter könnten zwar ihre Töchter manchmal ebenso lieben, allerdings meist nur, wenn keine Söhne da sind, doch das hat auch immer, eingestanden oder nicht, einen erotischen Aspekt, der zwar (leider nicht in allen Fällen) durch das Inzesttabu sublimiert wird, aber trotzdem meist vorhanden ist.

Mütter sind zwar, wenn es einmal soweit ist und aus dem Kind ein fast fertiger Mensch geworden ist, durchaus auf ihre Schwiegertochter eifersüchtig, aber aus anderen Gründen als es die Männer auf die Schwiegersöhne sind. Erstens wird es der Bub nie wieder so gut haben wie bei ihr (was meist sogar stimmt), und zweitens wird ihr etwas weggenommen – das, woran ihr Herz am meisten hängt –, denn der Alte spielt meist keine große (Gefühls-) Rolle mehr in ihrem Leben.

Die Eifersucht der Väter ist anders. Da kommt nämlich eines Tages einer, der haben darf, was ihnen selbst verboten ist (und dem sie sich noch dazu überlegen glauben), und da bricht dann der alte Urinstinkt der Hordenanführer durch, denen das alleinige Benutzungsrecht auf die Weibchen zustand und die die Nachwachsenden immer als Bedrohung der eigenen Macht verstanden haben. Auch das männliche Kosten-Nutzen-Denken spielt dabei eine Rolle. Wozu hat er dieses Kind (und das wird es immer bleiben für ihn) unter finanziellem und emotionalem Aufwand großgezogen, wenn jetzt so ein Schnösel daherkommt und ihm sein Eigentum einfach wegnimmt?

Eifersucht ist nicht der Ausdruck von Liebe, sondern ist auf einen Mangel an Eigenliebe zurückzuführen. Im Unterbewusstsein läuft das in etwa so ab: Ich mag mich nicht. Wieso sollte er mich mögen? Also betrügt er mich … Es ist ein nicht enden wollender Kreislauf. Und wir sind ihm hilflos ausgeliefert.

Je sicherer wir also unser selbst sind, desto sicherer fühlen wir uns auch in der Partnerschaft: Wenn ich mich liebenswert finde, dann macht es mir nichts aus, dass er mit einer anderen tanzt. Er kommt ja zu mir zurück, weil er mich liebt. Auch diese Kette von Überzeugungen läuft im Unterbewusstsein ab, ohne dass wir es merken. Wie schnell sie ins Wanken geraten kann, haben Sie sicher schon am eigenen Leib erfahren. Selbst wenn Sie selbstbewusst sind, gibt es hin und wieder Tage, an denen Sie sich mies fühlen oder glauben, schrecklich auszusehen. Flirtet er dann mit Ihrer Freundin, setzt der Mechanismus der Eifersucht prompt ein: Kein Wunder, dass er sich um sie bemüht. Sie sieht ja toll aus. Und ich sitze hier, kaputt und hässlich. Ihr Vergleich fällt natürlich zu Ihren Ungunsten aus, weil Sie sich im Moment nicht ausstehen können.

Krankhafte Eifersucht ist also keine schlechte Angewohnheit, sondern eine Ich-Schwäche. Aber diese Erkenntnis allein genügt nicht. Fragen Sie sich, warum Sie sich nicht mögen. Und zählen Sie in Gedanken auf, was Sie liebenswert an sich finden. Da wird Ihnen doch sicher eine Menge einfallen! Diese Gedankenspiele sind deshalb so nützlich, weil sie abrufbar sind: In der nächsten „kritischen" Situation wird die Eifersucht zwar wieder in Ihnen aufsteigen, aber gleichzeitig sehen Sie die Liste mit allem, was Sie an sich mögen. Mit der Zeit passiert das ganz automatisch, denn der Flirt Ihres Mannes löst dann zwei Signale aus: Zuerst das emotionale Misstrauen, dann die „Ich bin liebenswert"-Gedankenkette. Sie wird Ihr Selbstbewusstsein stärken. Und vielleicht schaffen Sie es eines Tages sogar, zu Ihrem Partner hinüber zu gehen, wenn er sich mit der „Konkurrenz" unterhält, und sich ganz zwanglos am Gespräch zu beteiligen. Die Eifersucht wird vielleicht nicht ganz verschwinden, aber Sie sind ihr nicht mehr ausgeliefert, können mit ihr umgehen.

Wer unter ständiger Eifersucht leidet, muss deshalb noch lange nicht zum Psychiater. Bereits das offene Gespräch mit dem Partner ist hilfreich – wenn Sie ihn behalten wollen. Geben Sie zu, dass Sie manchmal fast krank sind vor Eifersucht, wenn er sich mit der Nachbarin unterhält. Erklären Sie ihm, dass Sie sehr wohl wissen, wie absurd das ist. Dass Sie aber von diesem Gefühl überfallen werden und ihm ausgeliefert sind. Er wird Ihnen sicher zuhören und versuchen, Ihr Problem zu begreifen. Wenn Sie ihn dagegen nur mit Ihren Eifersüchteleien terrorisieren, treiben Sie ihn langsam, aber sicher aus dem Haus.

Neben der mangelnden Eigenliebe gibt es noch eine weitere Erklärung für „die gelbe Lupe des Misstrauens“, wie Heinrich Heine die Eifersucht einmal nannte. Sie klingt teuflisch, aber es ist was dran. Demnach beruht Eifersucht auf einer Projektion. Wenn Sie ihm pausenlos unbegründet unterstellen, dass er Sie wild betrügt, dann hegen Sie vielleicht unbewusst selbst den Wunsch, mal an fremden Töpfen zu naschen. In Therapien kommen oft Fälle zur Sprache, in denen die Frau, krank vor Eifersucht, im Bett eines anderen landet. Während ihr Mann treu zu Hause sitzt. Paradox? Für jemanden mit extremer Ich-Schwäche eher logisch: Sie liebt sich nicht, somit kann er sie auch nicht lieben. Also muss sie sich die Zuneigung woanders holen.

Unsicher sind auch die Menschen, die ihre Sexualpartner kaum noch zählen können. Und ausgerechnet sie leiden am häufigsten unter Eifersuchtswahn und Trennungsängsten. Sie verfügen nicht über die innere Sicherheit, eine stabile Partnerschaft leben zu können, und verlassen schnell den anderen Partner, um nicht selbst als Erster verlassen zu werden.

28

Was ist eigentlich Eifersucht?

„Danke
für die vielen Fragen,
die du nie
gestellt hast."

Eifersucht ist eine Sucht, und jede Sucht ist letztlich immer die Suche nach mir selbst. Eifersucht kann nur entstehen, wenn ich mir fehle.

Frauen sind häufiger eifersüchtig. Es wird daher Zeit, dass die Frau zu sich selbst erwacht, sich als gleichwertig erkennt. Sich nicht mehr als minderwertig ansieht.

Der Partner ist ja bei mir, auf Grund meines Soseins. Bin ich aber nicht ich selbst, dann verscheuche ich ihn. Also sollte ich nicht mehr versuchen, möglichst ideal oder ein anderer zu sein, sondern wirklich ich selbst, so wie ich wirklich bin.

Vor allem aber sollte ich mich fragen: Liebe ich meinen Partner wirklich? Möchte ich, dass er wirklich glücklich ist? Bin ich bereit, dafür wirklich etwas zu tun? Warum aber muss der andere unbedingt bei mir glücklich sein?

Wenn ich eifersüchtig bin, sollte ich mich fragen: Eifersucht, was ist das eigentlich? Eifersucht – Sucht – Sehnsucht – Suche nach sich selbst. Eifersucht kann nur entstehen, wenn ich mir fehle.

Das Wort Ehe hat seinen Ursprung im Westgermanischen und bedeutet sowohl Recht, Gesetz als auch Gewohnheit. Wenn ich aber im Weiteren von Ehe spreche, dann meine ich damit nicht den rechtlichen Vertrag, sondern den ganzen gefühls- und verstandesmäßigen Zusammenhang von Ehe, den Kontext Ehe, und der findet sich ebenso in der Zweierbeziehung ohne Trauschein.

Das ist vielleicht der Kern der Ehe (Beziehung): Der andere soll unser Zuhause sein. Er soll uns die Geborgenheit und Sicherheit geben, die wir für uns selbst nicht finden können; er soll unserem Suchen und Sehnen ein Ende bereiten und für immer zu uns gehören.

Evangelische und katholische Konfession spielen bei der Entscheidung zur nichtehelichen Lebensgemeinschaft eine zunehmend geringere Rolle. Allerdings bestätigt die Erfahrung nicht, dass die nicht eheliche Lebensgemeinschaft, die Ehe vor der Ehe, hilft, Beziehungsfehler zu vermeiden und die Scheidungsrate zu senken. In den USA deutet sich sogar der Trend an, dass Paare, die bereits vor der Hochzeit zusammenlebten, sich schneller wieder scheiden lassen. Offensichtlich sind Paare, die eine längere Zeit nichtehelicher Lebensgemeinschaft durchlaufen, nüchterner im Umgang mit ihrer Beziehung und weniger bereit, um der Beziehung willen längere Phasen der Suche, des Konflikts, des Leidens auf sich zu nehmen.

Es ist eine Überforderung, alles mit einem Partner leben und entwickeln zu wollen, denn jeder Mensch lockt andere Teile meiner Persönlichkeit aus mir heraus. Wer früh heiratet und erwartet, dass der Ehepartner alles in einer Person leisten kann, setzt ihn damit unter einen starken Leistungsdruck. Deshalb ist es sinnvoll, mit der Individuation der Partnerschaft schon vor der Ehe zu beginnen.

29

Das hohe Lied der Liebe

Eifersucht als Chance

Jenseits der Eifersucht beginnt die echte Liebe. Doch vielleicht müssen wir erst durch „das Fegefeuer der Eifersucht“ gehen, um für die wahre Liebe geläutert zu werden.

Natürlich meinen wir es am Anfang immer gut miteinander. Bei allen ehrlichen Liebesschwüren, die wir für den anderen leisten, sind Gefühle doch immer noch ehrlicher. Denn bei Gefühlen können wir uns und dem anderen nichts mehr vormachen: Das Maß der wirklich noch aufkommenden Eifersucht zeigt uns immer wieder, wie weit wir noch von der wahren Liebe entfernt sind.

Sobald wir das wirklich verstanden haben, können wir das Gefühl der Eifersucht auch liebevoll in unsere Partnerschaft integrieren: Eifersucht nicht bekämpfen, sondern als ein Signal sehen, mir selbst näher zu kommen, mich selbst mehr zu akzeptieren. Auch Eifersucht nicht blind ausagieren, sondern als eine Botschaft verstehen lernen, dass ich mich für die wahre Liebe noch läutern muss. Und so kann der frühzeitige verständnisvolle Umgang mit Eifersucht die Partnerschaft auch festigen.

In Liebe loslassen

Wir kennen es alle: Menschen werden zuerst blind vor Eifersucht, und dann trennen sie sich in Hass und gegenseitiger Erniedrigung. Und jeder fragt sich: Wie können sich Menschen jemals geliebt haben, die nur noch Hass füreinander übrig haben? Da kann doch etwas nicht stimmen! Und wir wissen jetzt: Tatsächlich – sie haben sich nie geliebt.

Denn Liebe kann niemals in Eifersucht und Hass umschlagen. Das ist völlig ausgeschlossen. Es ist hingegen einer der großen Mythen, die unseren Weg zur wahren Liebe versperren. Die Wahrheit ist vielmehr: Wo Hass sich breit macht, kann Liebe nicht gewesen sein – höchstens Abhängigkeit und Egozentrik.

Menschen, die sich einmal geliebt haben, werden sich immer lieben, auch wenn sie irgendwann erkennen, dass sich ihre Liebe erfüllt hat und sie getrennte Wege gehen, um weiter zu wachsen.

Vielleicht ist unsere Fähigkeit, einen Partner in Liebe loslassen zu können, die größte Prüfung für unsere Liebesfähigkeit: „Unsere Liebe hat sich erfüllt, und ich wünsche dir das Beste auf deinem weiteren Lebensweg. Und wenn du mich brauchst, kannst du immer auf mich bauen.“

Denn wie soll ich nach einer Trennung eine neue und erfüllende Liebesbeziehung finden, wenn ich es dem anderen nicht auch von ganzem Herzen gönnen kann? „Das, was ich mir für meine eigene Zukunft wünsche, das wünsche ich auch dir!“

Es mag paradox klingen, aber wenn eine Trennung ansteht, dann ist es eine große Chance, noch einmal alle Liebe füreinander zu mobilisieren, um sich wirklich in

Liebe zu trennen, dem anderen in jeder Hinsicht bei dem neuen Lebensweg beizustehen.

Denn sich in Liebe trennen zu können, ist nur eine „Vorübung“ für eine neue Partnerschaft. Je liebevoller ich mich trennen kann, desto reifer bin ich für die nachfolgende Partnerschaft. So sollten wir eine Trennung nutzen als ein Sprungbrett für ein höheres Niveau unserer Liebesfähigkeit. Das wäre doch ein schönes Geschenk füreinander – und dann hätte sich diese Liebe wirklich erfüllt!

Die Liebe wählen

Unsere schönste, machtvollste und gleichzeitig universelle Kraft ist die Kraft der Liebe. Es ist die Urquelle der Lebensenergie.

Wir können mit dieser Kraft ungeheuer viel bewirken. Vor allen Dingen bewirkt sie viel in uns. Es ist das Grundthema, das uns alle angeht, das uns mitunter auch ganz schön erschüttern kann.

Wir alle sehnen uns nach Liebe, sie ist der Kern jeder Sehnsucht und auch jeder Sucht. Keiner kann sich ihr entziehen. Manchen macht sie sogar Angst, sie könnten sich selbst verlieren. Dabei ist Liebe der schnellste und sicherste Weg, sich selbst zu finden. Liebe ist der Weg der Selbsterkenntnis.

Wie verhalte ich mich meinem Partner gegenüber? Liebevoll oder eifersüchtig? Verständnisvoll oder rechthaberisch? Aufbauend oder erniedrigend? Die Antwort auf diese Fragen sagt viel mehr über mich selbst aus als über meinen Partner.

Ich habe immer die Wahl, mich für die eine oder andere Haltung zu entscheiden, das hat mit dem Partner nur zweitrangig etwas zu tun. Ich entscheide selbst, welchen Weg ich wähle.

Einssein nur mit dem anderen?

Die Liebe in Zweisamkeit kann aber auch eine Sackgasse sein, weil die meisten Menschen nur beim anderen die Einheit, die sie suchen, zu finden glauben. Partnerschaft kann jemanden auf die fixe Idee bringen, einzig hier die Vollkommenheit zu finden.

Doch in Wirklichkeit aber haben wir diese Einheit nie verloren. Wir sind in Wirklichkeit EINS mit allem und haben es nur vergessen, leben in der Illusion des Getrenntseins von allem.

Diese Vorstellung ist die eigentliche Ur-Sünde, denn das Sanskrit-Wort „sinte", von dem das Wort „Sünde" abstammt, heißt nichts anderes als „Trennung".

Wir sind alle EINS. Doch mit der Illusion der Trennung von allem haben wir das Paradies verlassen.

Es ist doch unmittelbar einleuchtend: Liebe will das Beste für alle Wesen. Liebe kann nichts schädigen, denn Liebe weiß: Den Schaden, den ich einem anderen zufüge, füge ich in Wahrheit mir selbst zu.

Hier finden wir eine andere Erklärung für die „Goldene Regel": Was du nicht willst, was man dir tut, das füge auch keinem anderen zu.

Dass Liebe niemandem einen Schaden zufügt, weil für Liebe nur diese All-Einheit existiert, mag ja zunächst für den Verstand einleuchtend sein. Doch wir können diese All-Einheit sogar außerhalb einer Partnerschaft mit allen Sinnen erfahren.

Wenn wir eine Zeitlang alleine leben, können wir dieses Alleinsein als ALL-EINS-SEIN erleben. Wir brauchen den anderen nicht notwendigerweise für dieses Ur-Gefühl der Einheit: nichts mehr von der eigenen Liebe auszuschließen – das ist wahre Glückseligkeit.

Gemeinsam zur heilenden Harmonie

Doch so kann der andere in einer glücklichen Liebesbeziehung auch zum Tor werden auf dem Weg zu uns selbst. Auf einem Weg, auf dem wir uns gegenseitig an uns selbst erinnern.

Wir brauchen uns nur einmal bewusst zu machen, was die Liebe bewirken würde, wenn wir sie denn jetzt in diesem Augenblick in all ihrer Macht und Herrlichkeit aktivieren könnten. Das würde bewirken, dass wir zunächst einmal uns selbst lieben, dass wir uns bedingungslos annehmen, so wie wir sind.

Dann hören wir auf, Schuldgefühle zu haben, uns selbst zu verurteilen, weil wir irgendwo mal einen Fehler gemacht haben oder auch viele.

In Wirklichkeit gehören Fehler unabdingbar zur Schule des Lebens. Wenn Sie heute noch keinen Fehler gemacht haben, dann haben Sie es bloß nicht bemerkt.

Jemand hat einmal gesagt: „Durch Fehler wird man klug, drum ist einer nicht genug." Und Gott sei Dank machen wir alle genügend Fehler. Sinnvoll wäre es nur, aus diesen Fehlern auch etwas zu lernen und sie nicht zu wiederholen.

Also zunächst einmal: Wenn wir voll und ganz in der Liebe wären, wäre das Verhältnis vor allem zu uns selbst optimal.

Machen Sie sich einmal die Tragweite bewusst, was das bedeutet! Wenn Sie in Harmonie mit sich selbst sind, können Sie nicht mehr krank sein. Wie wollten Sie das machen? Krankheit ist Disharmonie mit sich selbst. Doch sobald ich im Einklang mit mir selbst bin – ja, mich sogar liebe, so wie ich bin – bin ich heil. Und dieses Heilsein mit mir muss der Körper widerspiegeln als Gesundheit.

Aber wären wir in der Liebe, würde das natürlich auch unsere Partnerschaft verzaubern. Und zwar von einem Augenblick zum anderen. Das heißt, Sie alle wären von einem Augenblick zum anderen in einer glücklichen, erfüllenden Beziehung, würden Sie den anderen lieben und aufhören, geliebt werden zu wollen, also Liebe haben zu wollen.

Liebe erfüllt sich im Geben

Liebe ist etwas, das sich im Geben erfüllt.

Wenn ich Liebe missbrauche, um etwas haben zu wollen (z. B. Sicherheit), geht die Liebe ein wie eine Pflanze, die nicht mehr gegossen wird.

Und dann erkennen wir, dass ein Partner ganz selten alle Bedürfnisse abdecken kann – und wir dies auch nicht unrealistisch von ihm erwarten können. Wir versuchen das zwar immer wieder in unserem hergebrachten Modell der exklusiven Ehe, doch das funktioniert nicht mehr. Ehe ist als Institution ein Tauschgeschäft, und keiner ist zufrieden: Ich will dieses haben und gebe dir jenes dafür – oder konkreter: Ich will versorgt sein und gebe dir Haushaltsgeld. Ich will Sicherheit und gebe dir Sex. Wenn ich das von dir nicht bekomme, dann bestrafe ich dich mit „Liebesentzug“ (was für ein Unwort!).

Wären wir aber interessiert, einmal in die Sicht des anderen einzutauchen: Was fasziniert dich an mir? Was erwartest du von mir? Was genau ist es? Und: Wofür brauchst du mich nicht? Welche Bedürfnisse erfüllst du mit anderen? So würden wir lernen, den anderen zu verstehen. Und über das Verständnis würden wir uns näher kommen, vertraut werden, unsere gegenseitigen Bedürfnisse erfüllen können, dem anderen das geben, was er braucht, aber auch die Freiheit, in der Partnerschaft nicht erfüllbare Bedürfnisse mit anderen teilen zu können.

Dieses Verständnis für das innere Wachstum und die Selbstverwirklichung des anderen ist der Boden, auf dem Liebe gedeihen kann.

Denn Liebe ist für das Leben so notwendig wie Sauerstoff. Zeiten der Liebe sind erfüllte Zeiten, eine Zeit, in der man wirklich lebt.

Und durch die Liebe wird nicht nur die Beziehung zu uns selbst heil, wir würden nicht nur in einer erfüllenden Partnerschaft leben; natürlich würden wir auch mit anderen Menschen nur in liebevollem Miteinander leben können.

Wie sollte das möglich sein: Eine erfüllende Liebe führen, aber im Krieg mit den Nachbarn leben? Auch das ist völlig ausgeschlossen! Wer in der Liebe ist, der kennt keine Rechthaberei mehr. Da geht es nicht mehr um ein Gegeneinander, sondern nur um Miteinander und Füreinander. Liebe umfasst dann letztlich alle Geschöpfe.

Nichts als Liebe!

Liebe ist ein Geschenk, das verdirbt, wenn man es behält.

Liebe ist: zu geben und sich darin zu erfüllen, sich zu öffnen und den anderen hereinzulassen. Liebe ist auch, für einen anderen Gutes zu wollen und den anderen an sich selbst zu erinnern.

Liebe ist die Erinnerung an unsere göttliche Natur, an unser wahres Wesen.

Sie ist die Erinnerung daran, dass wir von unserem wahren Wesen her ohnehin eins sind. Liebe ist die Sehnsucht, die Illusion der Trennung aufzulösen.

Und Liebe ist immer und vor allem Selbst-Liebe. Nicht Ich-Liebe, sondern Selbst-Liebe. Denn erst dann kann ich das Selbst auch im anderen erkennen und lieben.

Liebe ist letztlich sogar ein SEIN, das kein DU mehr braucht.

Doch wenn wir in einer Partnerschaft leben, ist Liebe die Freude, miteinander alt zu werden. Und wenn ich diese Liebe gefunden habe, ist es wie Nach-Hause-Kommen, Angekommen-Sein.

Liebe ist auch ständige Kommunikation. Es ist: miteinander im WIR-Bewusstsein zu leben.

Und nicht zuletzt ist Liebe ein faszinierendes Spiel. Und wer zuerst am Ziel ist, hat sich selbst gewonnen und kann auch dem anderen helfen, sich selbst zu finden.

Liebe ist nicht exklusiv, im Grunde könnten wir mit jedem in Liebe leben.

Und trotzdem ist jede Liebe anders, findet jede Beziehung einen anderen Ausdruck. Mit dem einen ist man zärtlich, mit dem anderen spielt man Schach, mit einem anderen macht man Sport und mit einem anderen Radtouren oder führt endlose Diskussionen.

Liebe ist vor allen Dingen etwas, das einmal beginnt und nie mehr endet.

Liebe ist ein Weg, auf den man sich zu zweit macht, um bei sich selbst anzukommen.

Zu lieben heißt wirklich zu leben – und letztlich kann man sagen: Liebe ist nicht nur ein wunderschöner Weg. Liebe ist der einzige Weg. Und wir könnten heute damit beginnen – jeder.

Liebe ist letztlich eine Liebesaffäre mit dem ganzen Universum, dem All, dem Alles-was-Ist.

Ein Liebender werden

Bin ich ein Liebender geworden, brauche ich dazu nicht mehr ein DU, ein Gegenüber, sondern ich bin in der Liebe. Und dann habe ich die besten Voraussetzungen, dieser Liebe auch im anderen Menschen zu begegnen.

Und es ist Ihre Entscheidung, ob Sie bereit sind, in diesem Augenblick damit zu beginnen, ein wirklich Liebender zu werden. Denn es geht dann los, wenn Sie den ersten Schritt dazu tun und sich ganz bewusst sind: „Ich bin ein Botschafter der Liebe."

Ganz gleich, was Sie bisher getan haben: Nehmen wir einmal an, Sie hätten bisher nicht geliebt und Sie würden noch einmal den Mut haben und die Größe aufbringen, bei NULL anzufangen. Der erste Schritt wäre, dass Sie damit beginnen, sich selbst vorbehaltlos zu lieben.

Indem Sie sich erkennen als ein Wesen, das mit genau diesen Eigenschaften, mit genau dieser Persönlichkeit, mit genau diesem Verhalten sich jetzt in allen diesen Varianten erfahren will.

Und ganz gleich, ob Sie bisher mit sich zufrieden waren oder nicht – Sie hören auf, sich selbst zu verurteilen: Ich bin zu dick, ich bin nicht intelligent genug, ich bin nicht attraktiv genug … Sie kennen diese Liste der Selbstverurteilung.

Lieben Sie sich so, wie Sie sind. Das heißt ja nicht, dass es so bleiben muss, Sie können es jederzeit ändern, aber der erste Schritt ist, dass ich mich zunächst einmal bedingungslos annehme.

Und damit habe ich die wichtigste Voraussetzung geschaffen, um auch den anderen in seinem Anderssein anzunehmen, ihn nicht mehr ändern zu wollen. Und in dieser Selbstliebe wende ich mich dem anderen zu und fange an, ein DU zu lieben, genau den Menschen, der jetzt zu mir gehört, mit dem Sie jetzt verbunden sind.

Beginnen Sie noch heute!

Stellen Sie sich doch einmal vor, Sie beginnen in diesem Augenblick Ihren derzeitigen Partner oder Ihre Partnerin bedingungslos zu lieben. Das heißt ohne den Wunsch, der andere möge sich ändern, das endlich zu lassen oder so endlich zu sein, sondern ihn genau so zu nehmen, wie er ist.

Können Sie ihm auch vergeben für „Verletzungen"? Alle Lieblosigkeit der Vergangenheit jetzt loslassen? Bedingungslos, ohne „wenn" und „aber"? Es geht dabei einzig um Ihre Liebesfähigkeit!

Und während Sie sich für Ihren Partner neu öffnen, fangen Sie an, auch die anderen Menschen zu lieben, indem Sie erkennen: Jeder Einzelne drückt sich genau so aus, wie er gerade sein will.

Und ich höre auf zu beurteilen, zu verurteilen und zu richten: Das ist negativ oder positiv, der ist höflich oder unhöflich. Ich nehme nur noch wahr: Der ist SO. Und der ist SO. Der andere will jetzt einfach so sein – er will dieses Sosein jetzt erfahren, braucht es, um zu wachsen. Und so kann ich alle anderen bedingungslos annehmen. Und während ich alles annehmen kann, kann ich anfangen, die Welt zu lieben und sie wie einen Freund zu behandeln.

Häuslicher Umweltschutz bis hin zur Heilung der Erde wird dann ganz natürlich. Dann ist das Anliegen der Natur und der Welt mein eigenes Anliegen.

Liebe ist universell

Und da ich nichts ausschließe, während ich noch meine Liebe zur Welt vertiefe, lasse ich meine Liebe universell werden. Ich liebe das ganze Universum, stehe in einer universellen Liebesbeziehung.

Das ganze Universum ist meine Bühne, damit ich mich erlebe und erfahre. Und alle sind meine Freunde und Lehrer, die mir dabei helfen, zu erfahren, wer ich wirklich bin, meine eigene Größe zu erkennen. Dann bin ich wirklich in der Liebe, dann bin ich ein Liebender geworden.

Dann brauche ich nichts und niemanden mehr. Und gerade dann fällt mir alles zu, weil ich endlich in der Wirklichkeit bin, weil ich mein wahres Wesen lebe, die Liebe.

Wenn Sie das geschafft haben, fragen Sie sich vielleicht: Was gibt es denn dann noch? Nun, es geht immer weiter. Wenn Sie ein Liebender geworden sind, dann geht es ja darum, dieser Liebe auch Ausdruck zu geben. Und dabei findet jeder seine individuelle Form: Wie gehe ich mit dem anderen, mit der Welt, mit den Lebensumständen, mit Realität um?

Mein Seelenpartner

Wenn wir dann die Liebe zu uns gefunden haben, erkennen wir irgendwann, dass da auf Seelenebene ein Seelenpartner auf mich wartet: der vorletzte gewissermaßen, bevor ich in der vollkommenen Einheit leben kann, bevor es keinen Partner mehr gibt, weil alle meine Partner sind.

Mit dem Seelenpartner erleben wir eine Liebe, die Freiheit gibt, die Raum schafft für beiderseitige Entwicklung. Das heißt nicht nur, dem anderen jede Freiheit zu geben („jede“ heißt wirklich jede und nichts anderes, sonst würde ich sie ja beschneiden).

Das heißt auch selber frei zu bleiben, ohne den anderen zu brauchen. Erst dann lebe ich in einer liebevollen Verbindung, weil es ein Geschenk ist und nicht weil ich diese Verbindung brauche.

Es ist sehr schön, wenn ich gelernt habe, glücklich zu werden, bevor ich meinem Seelenpartner begegne, denn dann brauche (und missbrauche) ich ihn nicht, um glücklich zu sein.

Viele Menschen glauben, wenn sie zusammen sind, dann seien sie glücklicher. Zwei Unglückliche, die zusammen sind, sind nur zusammen unglücklich. Sie werden nicht durch ihr Zusammensein glücklich. Die beste Voraussetzung für eine glückliche Beziehung ist immer noch die Beziehung von zwei Glücklichen.

Also wenn Sie Ihren Seelenpartner entlasten wollen, dann sorgen Sie erst einmal dafür, dass Sie in der Beziehung mit sich selbst glücklich werden. Und wenn Sie dann so weit sind, dass Sie den anderen nicht mehr brauchen, haben Sie die besten Voraussetzungen für eine wirkliche Liebe geschaffen. Dann kann sie geschehen, dann muss sie nicht erzwungen werden.

Auf dem Weg zur Vollkommenheit

Wir tragen schon seit undenklichen Zeiten das Bild unseres Seelenpartners in uns. Unsere Sehnsucht erinnert uns immer wieder daran, dass es ihn gibt.

Und jetzt machen wir den Fehler und vergleichen jeden neuen, den wir kennen lernen, mit diesem inneren Bild: stimmt – stimmt nicht, sieht so ähnlich aus, ist er aber nicht. Die Reaktion: Enttäuschung, Halbherzigkeit, Rückzug.

Dabei vergessen wir, dass wir auf dem Weg zum Seelenpartner ja erst einmal ein paar andere Menschen brauchen, mit denen wir gemeinsam diese Lektionen bereinigen, bevor wir für den richtigen Seelenpartner bereit sind. Wir sind dann für den anderen ja auch noch nicht der wirkliche Seelenpartner, doch helfen auch wir ihm auf seiner Suche und Vervollkommnung in der Liebe.

Also versuchen Sie nicht, so schnell wie möglich diese Begegnung mit Ihrem Seelenpartner herbeizuführen, sondern sorgen Sie dafür, dass Sie bereit sind, wenn es denn soweit ist.

Den Seelenpartner finden

Die Kunst, den Seelenpartner zu finden, besteht also in der richtigen Vorbereitung. Wenn Sie nicht bereit sind, wird es eine Quälerei. Denn dieser Seelenpartner wird Ihnen jede Unechtheit, jede Unehrlichkeit schmerzhaft bewusst machen. Und Sie werden erkennen, wie viel noch zu tun ist.

Wenn Sie sich also gründlich vorbereiten wollen, machen Sie eine genaue Liste, was Sie von Ihrem Seelenpartner erwarten: wie er aussehen soll, welche Eigenschaften er haben soll, wie er sich verhalten soll.

Vergessen Sie nichts, nicht die geringste Kleinigkeit. Und seien Sie erst zufrieden, wenn die Liste komplett ist, nichts mehr fehlt.

Und dann kommt der wichtigste Punkt: Verbrennen Sie diese Liste!

Lassen Sie alles los. Alle diese Punkte, die Sie aufgeschrieben haben, sind Hindernisse, die Sie voneinander trennen. Und wenn Sie jede Erwartung losgelassen haben und sich auch gleich frei machen von alten Bindungen, dass Sie wirklich frei füreinander sind, dann – und erst dann – sind Sie wirklich bereit.

Und haben Sie sich dann endlich getroffen, bleiben Sie frei von Erwartungen, damit Sie den gemeinsamen Weg, der vor Ihnen liegt, nicht behindern oder gar verhindern.

Helfen Sie sich gegenseitig, die Wunden der Vergangenheit zu heilen, und lösen Sie sich miteinander in Ihrer Liebe von alten Verhaltensweisen, Mustern und Prägungen, die noch geblieben sein könnten. Und dann fangen Sie an, wirklich miteinander zu leben. Nicht nur beieinander, nebeneinander her oder gar gegeneinander, sondern wirklich miteinander.

Und auf diesem Weg werden Sie eine ganz neue Form des Zusammenlebens entwickeln. Sie werden ganz neue Wege entdecken und gemeinsam gehen. Dann kann das Abenteuer LEBEN erst richtig beginnen.

Und sehr oft werden Sie auf diesem Weg eine gemeinsame Aufgabe erkennen und miteinander Erfüllung finden, indem Sie Ihre gemeinsame Lebensvision leben.

Zum Abschluss: Liebe ist der schnellste Weg, sich selbst zu finden

Haben Sie schon einmal junge Tiere oder kleine Kinder in ihrer Liebesfähigkeit beobachtet? Gewiss, sie sind von uns abhängig und das verstellt den Blick, wenn es um das Wesentliche geht. Doch ihre uneingeschränkte Liebesfähigkeit verblüfft uns oft. Und das ist kein Wunder. Denn Liebe ist nichts, was wir lernen müssen, was nur Erwachsene und reife Menschen „beherrschen" könnten. Auch Tiere und Kinder können uneingeschränkt lieben.

Mit anderen Worten und als Zusammenfassung der Essenz dieses Buches: Ich muss gar nicht lernen zu lieben oder lernen mich selbst zu lieben, sondern brauche nur *zuzulassen*, dass die Liebe, die meine innere Wirklichkeit ist, frei fließen kann. Die Kunst der idealen Partnerschaft ist es nicht, die Liebe miteinander zu lernen, sondern die Lieblosigkeit miteinander zu verlernen und immer mehr Liebe in der Zweisamkeit und Partnerschaft zulassen zu können.

Also, lieben kann man nicht lernen und auch nicht verlernen. Es sind nur die Blockaden und Hindernisse aufzulösen, damit sich die Liebe in mir entfalten kann und in meinem Leben in Erscheinung tritt.

Wenn ich wirklich lebe (und nicht nur existiere), dann geschieht und fließt Liebe durch mich durch. Und wenn ich wirklich ICH SELBST bin, dann liebe ich mich auch. Bin ich aber nicht „ich selbst", heißt das, dass ich Blockaden habe, dass ich Rollen spiele, nach Bildern und Verhaltensmustern lebe, die das wirkliche Leben verhindern und blockieren.

Wirklich lieben heißt, echt, authentisch, in der Wirklichkeit zu sein. Liebe ist wahres Leben und drückt sich auf allen Ebenen aus: als starkes Gefühl, als Gedanke an den anderen, als Handlung, um etwas für ihn zu tun, als Wunsch, ganz für den anderen da sein zu wollen. Lieben heißt auch, für den anderen offen zu sein, sich mitzuteilen und ihn teilhaben zu lassen an dem, was mich bewegt.

Der Weg der Liebe führt mich zu mir SELBST, zu meinem wahren Wesen, und ermöglicht es mir, mich authentisch und angstfrei dem anderen zu zeigen. In einer idealen Partnerschaft schafft die liebevolle Zuneigung für den anderen den Raum, um in Geborgenheit und Sicherheit dem Abenteuer des eigenen SELBST zu begegnen – allein und zu zweit.

Deswegen haben viele Kinder so gern, weil Kinder einfach nur sie selbst sind, etwas, das der andere oft schon längst verloren hat. Er wird durch das Kind an sich, seine längst verschüttete Wirklichkeit erinnert. Sie ist aber noch in ihm und wird durch das Kind nach dem Gesetz der Resonanz angestoßen, in Resonanz versetzt. Deshalb hassen andere Kinder, weil sie an Bereiche des Seins erinnert werden, die sie nicht mehr erreichen können. Daran merken sie erst, wie weit sie sich von sich selbst entfernt haben.

Erst die heutige Generation wagt es, ihre Träume zu verwirklichen, wobei ein glücklicher Ausgang nicht garantiert werden kann. Es bleibt ein schwieriger Weg, zwei so von Natur aus grundverschiedene Menschen wie Mann und Frau zu einer Beziehung zu führen, die weniger Einschränkungen und Behinderungen in der beidseitigen Entfaltung mit sich bringt als gegenseitige Hilfe und gemeinsame Freude. Je ausgeprägter die beiden Persönlichkeiten sind, desto schwieriger wird es, jedem Einzelnen gerecht zu werden.

Tief im Innersten sehnen wir uns nach der Einheit, aus der wir gekommen sind und die wir in Wirklichkeit nie verloren haben, die wir gar nicht verlieren, sondern nur vergessen können. Diese Sehnsucht veranlasst uns, den anderen zu suchen. Aber dabei spüren wir auch, dass wir die Verbindung zum Ganzen, die wir suchen, nicht bei einem anderen Teil finden können.

Finde ich diesen Weg nicht, erfahre ich in der Partnerbeziehung immer deutlicher die Getrenntheit von dem anderen, wird das Streben nach Einheit mit einem geliebten Menschen sehr bald zu einer anderen Form der Isolation und damit ein liebevoller Hinweis darauf, was wir in Wirklichkeit suchen, die Einheit mit uns selbst. So wird die Liebe endlich zu einem Tor, zu einem Weg der Einweihung und Erfahrung der kosmischen Einheit. Wir erkennen, dass die Einheit mit dem Ganzen nicht unbedingt Beziehungen braucht, aber gerade dadurch kann jede Beziehung eine großartige Bereicherung darstellen, in der wir die Einheit mit dem Ganzen bewusst erleben. Wie in einem Hologramm spiegelt sich das Ganze in jedem Teil, und wir begegnen Gott in jedem Menschen und in allem, was ist.

Wer weiß, möglicherweise eines Tages oder wenn Sie wollen in diesem Augenblick beginnt Ihre ideale Partnerschaft dadurch, dass Sie ein idealer Partner sind.

Stichwortverzeichnis

D

E

F

G

H

I

K

L

M

N

O

P

R

S

T

U

V

W

Z

Prof. Dr. Kurt Tepperwein persönlich erleben

Wünschen Sie, tiefer in das Buchthema einzusteigen oder die Möglichkeit zu nutzen, Prof. Kurt Tepperwein einmal live zu erleben? Die Internationale Akademie der Wi Ausbildungen an:

Seminare:

- ❒ Die mentale Hypnose
- ❒ Atman (Durchbruch zur Wirklichkeit)
- ❒ Heile Dich selbst
- ❒ Perlen der Weisheit
- ❒ Der Tepperwein-Prozess
- ❒ Erfolgreiche Praxisführung
- ❒ Märchenhaft leben
- ❒ Erfolg-reich-sein
- ❒ Ferienakademie mit unterschiedlichen Themen
- ❒ Optimales Selbstmanagement

Ausbildungen (Direkt- und Heimstudienlehrgänge):

- ❒ Dipl. LebensberaterIn
- ❒ Dipl. SeminarleiterIn
- ❒ Dipl. Mental-TrainerIn
- ❒ Dipl. Intuitions-TrainerIn
- ❒ Dipl. Erfolgs-TrainerIn
- ❒ Dipl. Mental-Gesundheits-Beraterin
- ❒ Dipl. Bewusstseins-TrainerIn

Gesamtprogramme:

- ❐ Gesamtseminar- und Ausbildungsprogramm der IAW
- ❐ Neuheiten der Bücher-, Audio- und Videoprogramme von Kurt Tepperwein

Sie erhalten Ihre gewünschten Informationen selbstverständlich kostenlos und unverbindlich bei:

Internationale Akademie der Wissenschaften (IAW)
St. Markusgasse 11, FL-9490 Vaduz (Liechtenstein)
Tel. (0 04 23) 2 33 12 12 / Fax (0 04 23) 2 33 12 14
Internet: www.iadw.com

Beratungssekretariat in Deutschland:
Tel. und Fax (09 11) 69 92 47

Dazu ein persönliches Geschenk:

Für jede Anfrage bedanken wir uns mit der 20-seitigen Broschüre „Praktisches Wissen kurz gefasst" von Prof. Kurt Tepperwein.